# 급수 한자 익힘책 200% 활용하기

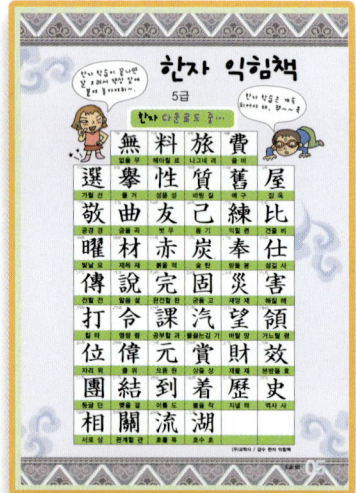

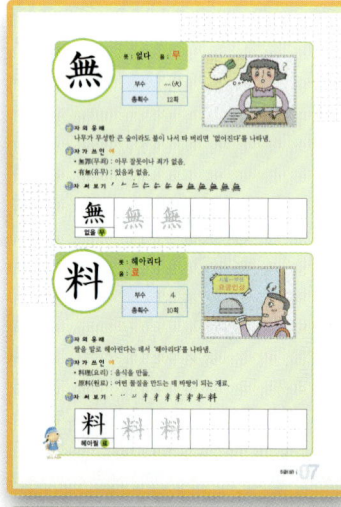

해당 급수의 한자를 한 곳에 모아 얼마만큼 공부해야 하는지 한눈에 알 수 있도록 꾸몄습니다.

한 면에 두 자씩 익히고 쓰기 연습을 하도록 하였습니다.
쓰는 순서나 모양에 주의하여 써 보며 익힙니다.

앞서 배운 한자를 반복하여 써 보며 복습할 수 있도록 하였습니다.

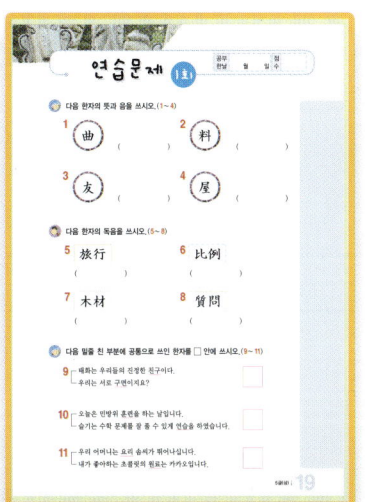

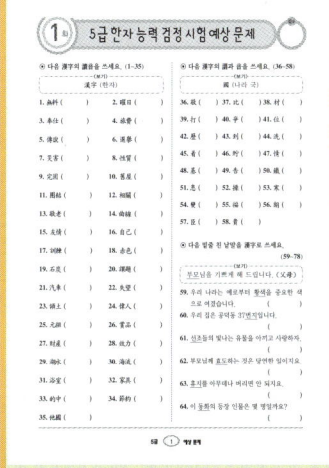

각 단원에서 익힌 한자를 제대로 공부했는지 확인할 수 있도록 구성하였습니다.

한자는 쓰기가 매우 중요합니다.
한 글자 한 글자 정성 들여 써 볼 수 있도록 하였습니다.

실제 시험과 같은 예상 문제를 풀면서 실전 경험을 익히도록 하였습니다.

# 한자 능력 검정 시험 안내

## 급수별 문제 유형

| 구분 | 1급 | 2급 | 3급 | 3급II | 4급 | 4급II | 5급 | 6급 | 6급II | 7급 | 8급 |
|---|---|---|---|---|---|---|---|---|---|---|---|
| 읽기 배정 한자 | 3,500 | 2,355 | 1,817 | 1,400 | 1,000 | 750 | 500 | 300 | 300 | 150 | 50 |
| 쓰기 배정 한자 | 2,005 | 1,817 | 1,000 | 750 | 500 | 400 | 300 | 150 | 50 | 0 | 0 |
| 독음 | 50 | 45 | 45 | 45 | 30 | 35 | 35 | 33 | 32 | 32 | 24 |
| 훈음 | 32 | 27 | 27 | 27 | 22 | 22 | 23 | 22 | 29 | 30 | 24 |
| 장단음 | 10 | 5 | 5 | 5 | 5 | 0 | 0 | 0 | 0 | 0 | 0 |
| 반의어 | 10 | 10 | 10 | 10 | 3 | 3 | 3 | 3 | 2 | 2 | 0 |
| 완성형 | 15 | 10 | 10 | 10 | 5 | 5 | 4 | 3 | 2 | 2 | 0 |
| 부수 | 10 | 5 | 5 | 5 | 3 | 3 | 0 | 0 | 0 | 0 | 0 |
| 동의어 | 10 | 5 | 5 | 5 | 3 | 3 | 3 | 2 | 0 | 0 | 0 |
| 동음 이의어 | 10 | 5 | 5 | 5 | 3 | 3 | 3 | 2 | 0 | 0 | 0 |
| 뜻풀이 | 10 | 5 | 5 | 5 | 3 | 3 | 3 | 2 | 2 | 2 | 0 |
| 필순 | 0 | 0 | 0 | 0 | 0 | 0 | 3 | 3 | 3 | 2 | 2 |
| 약자, 속자 | 3 | 3 | 3 | 3 | 3 | 3 | 3 | 0 | 0 | 0 | 0 |
| 한자 쓰기 | 40 | 30 | 30 | 30 | 20 | 20 | 20 | 20 | 10 | 0 | 0 |

## 합격 기준표

| 구분 | 1급 | 2급 | 3급 | 3급II | 4급 | 4급II | 5급 | 6급 | 6급II | 7급 | 8급 |
|---|---|---|---|---|---|---|---|---|---|---|---|
| 출제 문항 수 | 200 | 150 | 150 | 150 | 100 | 100 | 100 | 90 | 80 | 70 | 50 |
| 합격 문항 수 | 160 | 105 | 105 | 105 | 70 | 70 | 70 | 63 | 56 | 49 | 35 |
| 시험 시간 | 90분 | 60분 | | | | 50분 | | | | | |

## 급수 자격의 좋은점

- 8급부터 학교 생활 기록부에 반영되며, 4급 이상부터 국가 공인 자격증이 주어진다.
- 4급 이상 급수증으로 대학 입시 수시 모집 및 특별 전형에 응시할 수 있다.
- 2005학년부터 한문 과목이 수능 선택 과목이 된다.
- 일반 기업체 인사 고과에도 한자 능력을 중시한다.

# 부수(部首)에 대하여

### 부수(部首)란?

부수는 한글로 치면 자음자와 모음자에 해당합니다. 우리가 한글 사전에서 알고자 하는 말뜻을 찾으려면 자음자와 모음자의 차례를 알아야 이용할 수 있듯이, 이 부수를 모르고서는 한자의 자전(字典)을 활용할 수가 없습니다. 왜냐 하면, 자전의 배열이 이 부수에 의해 이루어져 있기 때문입니다. 한자를 공부하려면 자전이 필수적이듯이, 자전을 활용하기 위해서는 부수의 이해가 필수적입니다.

한자의 부수는 모두 214자인데, 대부분이 상형 문자와 지사 문자로 되어 있어, 이 부수를 제대로 이해하면 해당 부수의 글자를 익히는 데 큰 도움이 됩니다. 부수는 놓이는 위치에 따라 아래와 같이 크게 9가지로 구분할 수 있습니다.

## ■ 부수의 위치와 명칭

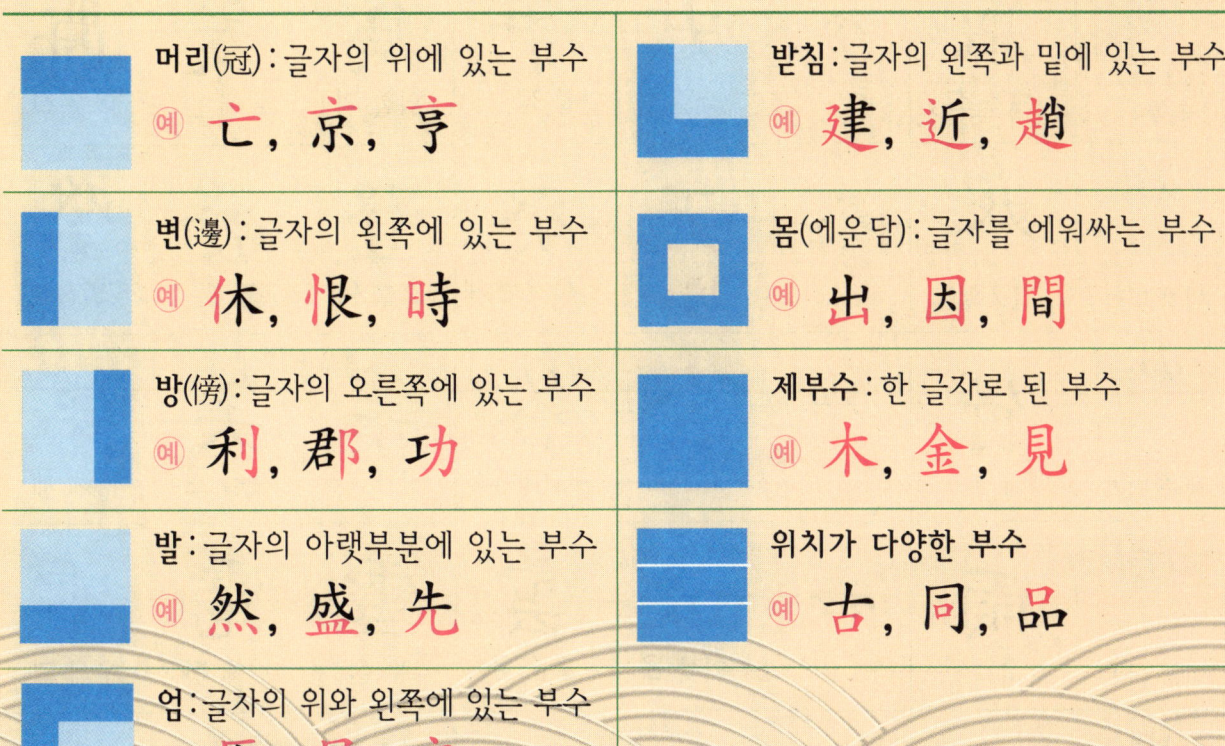

|  |  |  |
|---|---|---|
| 머리(冠) | 글자의 위에 있는 부수 | 亡, 京, 亭 |
| 변(邊) | 글자의 왼쪽에 있는 부수 | 休, 恨, 時 |
| 방(傍) | 글자의 오른쪽에 있는 부수 | 利, 郡, 功 |
| 발 | 글자의 아랫부분에 있는 부수 | 然, 盛, 先 |
| 엄 | 글자의 위와 왼쪽에 있는 부수 | 原, 屋, 床 |
| 받침 | 글자의 왼쪽과 밑에 있는 부수 | 建, 近, 趙 |
| 몸(에운담) | 글자를 에워싸는 부수 | 出, 因, 間 |
| 제부수 | 한 글자로 된 부수 | 木, 金, 見 |
| 위치가 다양한 부수 | | 古, 同, 品 |

## 머리(冠)
글자의 머리 부분에 있는 부수

| 부수 | 원 글자 | 구 성 | 해당 글자 |
|---|---|---|---|
| 亠<br>돼지해 머리 | 원음 : 두<br>뜻 : 미상 | 亠 + 父 → 交<br>　　아비부　사귈교 | 亡　　京　　亨<br>망할 망　서울 경　형통할 형 |
| 冖<br>민갓 머리 | 冪<br>덮을 멱 | 冖 + 日 + 六 → 冥<br>　　날일　여섯육　어두울명 | 冠　　寇　　冤<br>갓 관　도둑 구　원통할 원 |
| 宀<br>갓 머리 | 宀<br>집 면 | 宀 + 女 → 安<br>　　계집 녀　편안할 안 | 家　　守　　完<br>집 가　지킬 수　완전할 완 |
| 艹<br>초두 머리 | 草<br>풀 초 | 艹 + 化 → 花<br>　　화할 화　꽃 화 | 草　　英　　苦<br>풀 초　꽃부리 영　쓸 고 |
| 爫<br>손톱 조 | 爪<br>손톱 조 | 爫 + 尹 → 爭<br>　　다스릴 윤　다툴 쟁 | 爲　　爰　　爵<br>위할 위　이에 원　벼슬 작 |
| 癶<br>필발 머리 | 癶<br>걸을 발 | 癶 + 天 → 癸<br>　　하늘 천　열째천간 계 | 登　　發　　癹<br>오를 등　필 발　짓밟을 발 |
| 竹<br>대죽 머리 | 竹<br>대 죽 | 竹 + 合 → 答<br>　　합할 합　대답할 답 | 竿　　笑　　第<br>장대 간　웃을 소　차례 제 |
| 雨<br>비우 머리 | 雨<br>비 우 | 雨 + 云 → 雲<br>　　이를 운　구름 운 | 雪　　電　　雷<br>눈 설　번개 전　우레 뢰 |
| 髟<br>터럭발 머리 | 髟<br>머리털늘어<br>질 표 | 髟 + 犮 → 髮<br>　　개가 달아날 발　터럭 발 | 鬚　　髥<br>수염 수　구레나룻 염 |

## 변(邊)
글자의 왼쪽에 있는 부수

| 부수 | 원 글자 | 구 성 | 해당 글자 | | |
|---|---|---|---|---|---|
| 亻<br>사람인 변 | 人<br>사람 인 | 亻 + 二 → 仁<br>두 이 　 어질 인 | 休<br>쉴 휴 | 信<br>믿을 신 | 仙<br>신선 선 |
| 彳<br>두인 변 | 彳<br>조금걸을 척 | 彳 + 主 → 往<br>주인 주 　 갈 왕 | 行<br>다닐 행 | 征<br>칠 정 | 徐<br>천천할 서 |
| 氵<br>삼수 변 | 水<br>물 수 | 氵 + 羊 → 洋<br>양 양 　 큰바다 양 | 江<br>강 강 | 池<br>못 지 | 決<br>정할 결 |
| 忄<br>심방 변 | 心<br>마음 심 | 忄 + 亡 → 忙<br>망할 망 　 바쁠 망 | 性<br>성품 성 | 快<br>쾌할 쾌 | 怯<br>겁낼 겁 |
| 扌<br>재방 변 | 手<br>손 수 | 扌 + 丁 → 打<br>고무래 정 　 칠 타 | 技<br>기술 기 | 扶<br>도울 부 | 投<br>던질 투 |
| 阝<br>좌부 변 | 阜<br>언덕 부 | 阝 + 車 → 陳<br>수레 차(거) 　 진칠 진 | 防<br>막을 방 | 降<br>항복할 항 | 限<br>한정 한 |
| 禾<br>벼화 변 | 禾<br>벼 화 | 禾 + 斗 → 科<br>말 두 　 과목 과 | 秋<br>가을 추 | 秒<br>초 초 | 移<br>옮길 이 |
| 衤<br>옷의 변 | 衣<br>옷 의 | 衤 + 皮 → 被<br>가죽 피 　 입을 피 | 補<br>기울 보 | 裕<br>넉넉할 유 | 裸<br>벌거숭이 라 |
| 言<br>말씀언 변 | 言<br>말씀 언 | 言 + 己 → 記<br>몸 기 　 기록 기 | 計<br>셀 계 | 訓<br>가르칠 훈 | 詩<br>시 시 |

## 방(傍)
글자의 오른쪽에 있는 부수

| 부수 | 원 글자 | 구 성 | 해당 글자 | | |
|---|---|---|---|---|---|
| 刂<br>선칼도 방 | 刀<br>칼 도 | 貝 + 刂 → 則<br>조개 패 　　　 법 칙 | 利<br>이로울 이 | 別<br>다를 별 | 到<br>이를 도 |
| 卩<br>병부절 방 | 卩<br>병부 절 | 去 + 卩 → 却<br>갈 거 　　　 물리칠 각 | 印<br>도장 인 | 卯<br>토끼 묘 | 卽<br>곧 즉 |
| 阝<br>우부 방 | 邑<br>고을 읍 | 者 + 阝 → 都<br>놈 자 　　　 도읍 도 | 邱<br>언덕 구 | 邦<br>나라 방 | 郡<br>고을 군 |
| 攵<br>칠복 방 | 攵<br>칠 복 | 己 + 攵 → 改<br>몸 기 　　　 고칠 개 | 收<br>거둘 수 | 放<br>놓을 방 | 攻<br>칠 공 |
| 欠<br>하품흠 방 | 欠<br>하품 흠 | 斤 + 欠 → 欣<br>무게 근 　　　 기뻐할 흔 | 次<br>버금 차 | 歌<br>노래 가 | 欲<br>하고자할 욕 |
| 頁<br>머리혈 방 | 頁<br>머리 혈 | 川 + 頁 → 順<br>내 천 　　　 순할 순 | 頂<br>정수리 정 | 項<br>목 항 | 須<br>모름지기 수 |

같은 '阝' 부수가 글자의 왼쪽에 오면 '좌부방', 오른쪽에 오면 '우부방'이 되네.

# 한자 익힘책

## 5급

한자 학습이 끝나면 잘 오려서 책상 앞에 붙여 놓아야쥐~.

한자 학습은 계속 되어야 해, 쭈~~욱

### 한자 다운로드 중...

| 無 (7쪽) | 料 (7쪽) | 旅 (8쪽) | 費 (8쪽) | | |
|---|---|---|---|---|---|
| 없을 무 | 헤아릴 료 | 나그네 려 | 쓸 비 | | |
| 選 (9쪽) | 擧 (9쪽) | 性 (10쪽) | 質 (10쪽) | 舊 (11쪽) | 屋 (11쪽) |
| 가릴 선 | 들 거 | 성품 성 | 바탕 질 | 예 구 | 집 옥 |
| 敬 (13쪽) | 曲 (13쪽) | 友 (14쪽) | 己 (14쪽) | 練 (15쪽) | 比 (15쪽) |
| 공경 경 | 굽을 곡 | 벗 우 | 몸 기 | 익힐 련 | 견줄 비 |
| 曜 (16쪽) | 材 (16쪽) | 赤 (17쪽) | 炭 (17쪽) | 奉 (21쪽) | 仕 (21쪽) |
| 빛날 요 | 재목 재 | 붉을 적 | 숯 탄 | 받들 봉 | 섬길 사 |
| 傳 (22쪽) | 說 (22쪽) | 完 (23쪽) | 固 (23쪽) | 災 (24쪽) | 害 (24쪽) |
| 전할 전 | 말씀 설 | 완전할 완 | 굳을 고 | 재앙 재 | 해칠 해 |
| 打 (25쪽) | 令 (25쪽) | 課 (27쪽) | 汽 (27쪽) | 望 (28쪽) | 領 (28쪽) |
| 칠 타 | 명령 령 | 공부할 과 | 물끓는김 기 | 바랄 망 | 거느릴 령 |
| 位 (29쪽) | 偉 (29쪽) | 元 (30쪽) | 賞 (30쪽) | 財 (31쪽) | 效 (31쪽) |
| 자리 위 | 클 위 | 으뜸 원 | 상줄 상 | 재물 재 | 본받을 효 |
| 團 (35쪽) | 結 (35쪽) | 到 (36쪽) | 着 (36쪽) | 歷 (37쪽) | 史 (37쪽) |
| 둥글 단 | 맺을 결 | 이를 도 | 붙을 착 | 지낼 력 | 역사 사 |
| 相 (38쪽) | 關 (38쪽) | 流 (39쪽) | 湖 (39쪽) | | |
| 서로 상 | 관계할 관 | 흐를 류 | 호수 호 | | |

(주)교학사 / 급수 한자 익힘책

# 한자 익힘책

## 5급

한자 학습이 끝나면 잘 오려서 책상 앞에 붙여놓아야쥐~.

한자 학습은 계속 되어야 해, 쭈~~욱

한자 다운로드 중...

| 41쪽 洗 씻을 세 | 41쪽 浴 목욕할 욕 | 42쪽 貯 쌓을 저 | 42쪽 宅 집 택 | | |
|---|---|---|---|---|---|
| 43쪽 具 갖출 구 | 43쪽 給 줄 급 | 44쪽 的 과녁 적 | 44쪽 情 뜻 정 | 45쪽 節 마디 절 | 45쪽 他 다를 타 |
| 49쪽 廣 넓을 광 | 49쪽 告 알릴 고 | 50쪽 基 터 기 | 50쪽 壇 단 단 | 51쪽 敗 패할 패 | 51쪽 亡 망할 망 |
| 52쪽 祝 빌 축 | 52쪽 福 복 복 | 53쪽 宿 잘 숙 | 53쪽 願 원할 원 | 55쪽 變 변할 변 | 55쪽 化 될 화 |
| 56쪽 救 구원할 구 | 56쪽 朗 밝을 랑 | 57쪽 仙 신선 선 | 57쪽 士 선비 사 | 58쪽 億 억 억 | 58쪽 院 집 원 |
| 59쪽 罪 허물 죄 | 59쪽 卓 높을 탁 | 63쪽 臣 신하 신 | 63쪽 歲 해 세 | 64쪽 寒 찰 한 | 64쪽 勞 일할 로 |
| 65쪽 輕 가벼울 경 | 65쪽 島 섬 도 | 66쪽 貴 귀할 귀 | 66쪽 決 결단할 결 | 67쪽 件 물건 건 | 67쪽 養 기를 양 |
| 69쪽 雄 수컷 웅 | 69쪽 以 써 이 | 70쪽 爭 다툴 쟁 | 70쪽 操 잡을 조 | 71쪽 週 돌 주 | 71쪽 州 고을 주 |
| 72쪽 許 허락할 허 | 72쪽 患 근심 환 | 73쪽 鐵 쇠 철 | 73쪽 板 널 판 | | |

(주)교학사 / 급수 한자 익힘책

# 無

뜻 : 없다   음 : 무

| 부수 | 灬(火) |
|---|---|
| 총획수 | 12획 |

**글**자의 유래
나무가 무성한 큰 숲이라도 불이 나서 타 버리면 '없어진다'를 나타냄.

**글**자가 쓰인 예
- 無罪(무죄) : 아무 잘못이나 죄가 없음.
- 有無(유무) : 있음과 없음.

**한**자 써 보기   ノ ト 느 느 듀 無 無 無 無 無 無 無

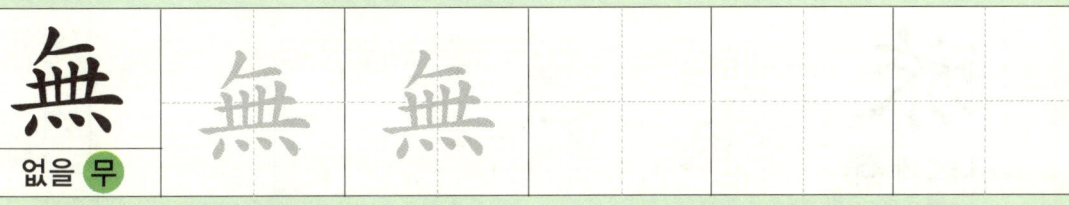

없을 무

# 料

뜻 : 헤아리다
음 : 료

| 부수 | 斗 |
|---|---|
| 총획수 | 10획 |

**글**자의 유래
쌀을 말로 헤아린다는 데서 '헤아리다'를 나타냄.

**글**자가 쓰인 예
- 料理(요리) : 음식을 만듦.
- 原料(원료) : 어떤 물질을 만드는 데 바탕이 되는 재료.

**한**자 써 보기   ` '' ㄴ 斗 斗 米 米 米 料 料

헤아릴 료

# 旅

뜻 : 나그네  음 : 려

| 부수 | 方 |
|---|---|
| 총획수 | 10획 |

**글자의 유래**
바람에 나부끼고 있는 깃발 아래 사람들이 총총히 서 있는 모양을 본뜬 글자.

**글자가 쓰인 예**
- 旅客(여객) : 여행하는 사람.
- 旅費(여비) : 여행하는 데 필요한 비용.

**한자 써 보기**   ` ｰ ｳ 方 方 疒 扩 旅 旅 旅

| 旅 나그네 려 | 旅 | 旅 | | | | |
|---|---|---|---|---|---|---|

# 費

뜻 : 쓰다  음 : 비

| 부수 | 貝 |
|---|---|
| 총획수 | 12획 |

**글자의 유래**
재물을 버린다는 데서 '돈을 쓰다'를 나타냄.

**글자가 쓰인 예**
- 費用(비용) : 어떤 일을 하는 데 드는 돈.
- 消費(소비) : 돈이나 시간을 사용함.

**한자 써 보기**   ` ｰ ｧ 弓 弗 弗 带 带 带 昔 費 費

| 費 쓸 비 | 費 | 費 | | | | |
|---|---|---|---|---|---|---|

# 選

뜻 : 가리다    음 : 선

| 부수 | 辶(辵) |
|---|---|
| 총획수 | 16획 |

**글자의 유래**
신에게 제사를 지낼 유순한 사람을 골라 보낸다는 데서 '가리다, 뽑다'를 나타냄.

**글자가 쓰인 예**
- 選出(선출) : 여럿 가운데서 뽑음.
- 再選(재선) : 다시 뽑힘.

**한자 써 보기** ＇ ＂ ㄹ ㄹㄹ ㄹㄹ ㅃ ㅃ ㅃ 毘 毘 巽 巽 巽 選 選 選

| 選<br>가릴 선 | 選 | 選 | | | | |
|---|---|---|---|---|---|---|

# 擧

뜻 : 들다    음 : 거

| 부수 | 手 |
|---|---|
| 총획수 | 18획 |

**글자의 유래**
여럿이 더불어(與) 마음을 합하여 일제히 손(手)을 드는 것을 나타냄.

**글자가 쓰인 예**
- 擧動(거동) : 행동하는 짓이나 태도. 몸가짐.
- 擧手(거수) : 손을 위로 들어올림.

**한자 써 보기**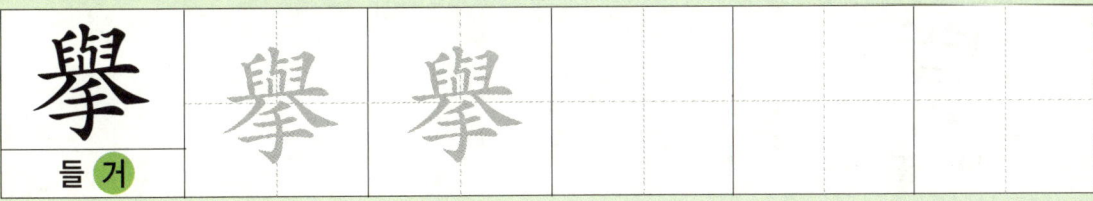

| 擧<br>들 거 | 擧 | 擧 | | | | |
|---|---|---|---|---|---|---|

5급(상) | 09

# 性

뜻 : 성품　음 : **성**

| 부수 | 忄(心) |
|---|---|
| 총획수 | 8획 |

**글**자의 유래
사람이 태어날 때부터 가지고 있는 마음이라는 데서 '성품'을 나타냄.

**글**자가 쓰인 **예**
- 性質(성질) : 고유의 특성.
- 天性(천성) : 타고난 성격.

**한**자 써 보기　丶 亻 忄 忄 忄 性 性

| 性 성품 **성** | 性 | 性 | | | |
|---|---|---|---|---|---|

# 質

뜻 : 바탕　음 : **질**

| 부수 | 貝 |
|---|---|
| 총획수 | 15획 |

**글**자의 유래
재물은 사람이 살아가는 데 '바탕'이 됨을 나타냄.

**글**자가 쓰인 **예**
- 質問(질문) : 모르는 것을 물어 봄.
- 氣質(기질) : 개인의 체질과 성격.

**한**자 써 보기　丿 厂 F F 斤 斦 斦 斦 筲 筲 筲 質 質

| 質 바탕 **질** | 質 | 質 | | | |
|---|---|---|---|---|---|

# 舊

**뜻 : 옛날  음 : 구**

| 부수 | 臼 |
|---|---|
| 총획수 | 18획 |

**글자의 유래**
새가 풀이나 검불을 물어다 절구 모양의 둥지를 만드는 데 '오래' 걸리다를 나타냄.

**글자가 쓰인 예**
- 舊屋(구옥) : 오래 된 집.
- 親舊(친구) : 가깝게 사귀는 벗.

**한자 써 보기**  ` 丶 ⺾ ⺾ ⺾ ⺾ 艹 艹 苎 雈 雈 雈 雈 舊 舊 舊 舊

| 舊 예 구 | 舊 | 舊 | | | | |
|---|---|---|---|---|---|---|

# 屋

**뜻 : 집  음 : 옥**

| 부수 | 尸 |
|---|---|
| 총획수 | 9획 |

**글자의 유래**
사람이 이르러 몸을 머무를 수 있는 곳이 '집'임을 나타냄.

**글자가 쓰인 예**
- 屋上(옥상) : 지붕의 위.
- 洋屋(양옥) : 서양 식으로 지은 집.

**한자 써 보기**  ` 一 尸 尸 尸 屈 屋 屋 屋

| 屋 집 옥 | 屋 | 屋 | | | | |
|---|---|---|---|---|---|---|

5급(상) | 11

## 배운 한자를 써 보시오.

| 無 없을 무 | 無 | 無 | | | | | |
| 料 헤아릴 료 | 料 | 料 | | | | | |
| 旅 나그네 려 | 旅 | 旅 | | | | | |
| 費 쓸 비 | 費 | 費 | | | | | |
| 選 가릴 선 | 選 | 選 | | | | | |
| 擧 들 거 | 擧 | 擧 | | | | | |
| 性 성품 성 | 性 | 性 | | | | | |
| 質 바탕 질 | 質 | 質 | | | | | |
| 舊 예 구 | 舊 | 舊 | | | | | |
| 屋 집 옥 | 屋 | 屋 | | | | | |

# 敬

뜻 : 공경하다
음 : 경

| 부수 | 攵(攴) |
|---|---|
| 총획수 | 13획 |

### 글자의 유래
입을 삼가 조심할 것을 자신에게 급박하게 재촉한다는 뜻. 뒤에 '삼가다', '공경하다'를 나타냄.

### 글자가 쓰인 예
- 敬老(경로) : 노인을 공경함.
- 敬愛(경애) : 공경하고 사랑함.

### 한자 써 보기
` ` ` ` ` ` 艹 艹 苟 苟 苟 苟 敬 敬 敬

| 敬 공경 경 | 敬 | 敬 | | | | |
|---|---|---|---|---|---|---|

# 曲

뜻 : 굽다   음 : 곡

| 부수 | 曰 |
|---|---|
| 총획수 | 6획 |

### 글자의 유래
대나무 싸리로 만든 바구니의 윗부분 모양에 굴곡이 있어 '굽다'를 나타냄. 뒤에 '노래' 또는 '가락'의 뜻으로도 쓰임.

### 글자가 쓰인 예
- 曲線(곡선) : 부드럽게 구부러진 선.
- 作曲(작곡) : 음악에서 곡을 만드는 것.

### 한자 써 보기
丨 冂 冃 曲 曲 曲

| 曲 굽을 곡 | 曲 | 曲 | | | | |
|---|---|---|---|---|---|---|

뜻 : 벗　음 : **우**

| 부수 | 又 |
|---|---|
| 총획수 | 4획 |

**글**자의 유래
손과 손을 맞잡은 사이라는 데서 '친구'를 나타냄.

**글**자가 쓰인 **예**
- 友情(우정) : 친구 사이의 정.
- 友愛(우애) : 형제간 또는 친구간의 사랑이나 정.

**한**자 써 보기　一 ナ 方 友

| 友 | 友 | 友 | | | | |
|---|---|---|---|---|---|---|
| 벗 우 | | | | | | |

뜻 : 몸　음 : **기**

| 부수 | 己 |
|---|---|
| 총획수 | 3획 |

**글**자의 유래
사람이 몸을 굽힌 모양을 본뜬 글자.

**글**자가 쓰인 **예**
- 自己(자기) : '남'에 대한 자기 자신.
- 知己(지기) : 자기의 속마음을 알아 주는 참다운 친구.

**한**자 써 보기　ㄱ ㄱ 己

| 己 | 己 | 己 | | | | |
|---|---|---|---|---|---|---|
| 몸 기 | | | | | | |

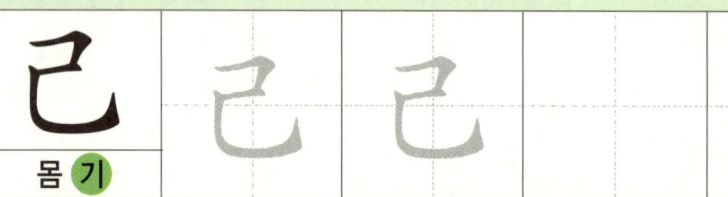

## 練

**뜻**: 익히다  **음**: 련

| 부수 | 糸 |
|---|---|
| 총획수 | 15획 |

**글자의 유래**
실을 삶아 불순물을 제거한다는 데서 '익히다'를 나타냄.

**글자가 쓰인 예**
- 練習(연습) : 일정한 일을 반복하여 새로운 습관을 만듦.
- 訓練(훈련) : 가르쳐서 어떤 일에 익숙하게 함.

**한자 써 보기**

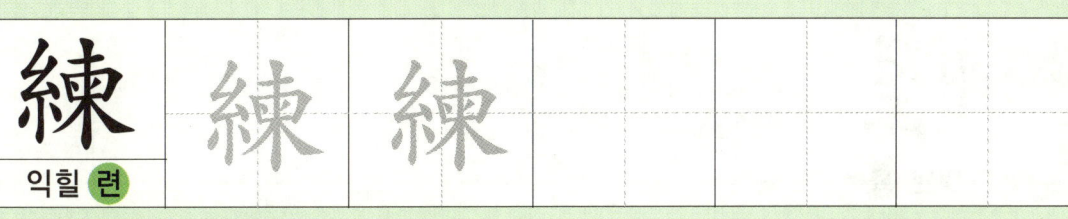

| 練 익힐 련 | 練 | 練 | | | | |
|---|---|---|---|---|---|---|

## 比

**뜻**: 견주다  **음**: 비

| 부수 | 比 |
|---|---|
| 총획수 | 4획 |

**글자의 유래**
두 사람이 나란히 서 있는 모습을 본뜬 글자로, 두 사람의 키를 서로 '비교하다'를 나타냄.

**글자가 쓰인 예**
- 比例(비례) : 예를 들어 비교함.
- 對比(대비) : 서로 맞대어 비교함.

**한자 써 보기**

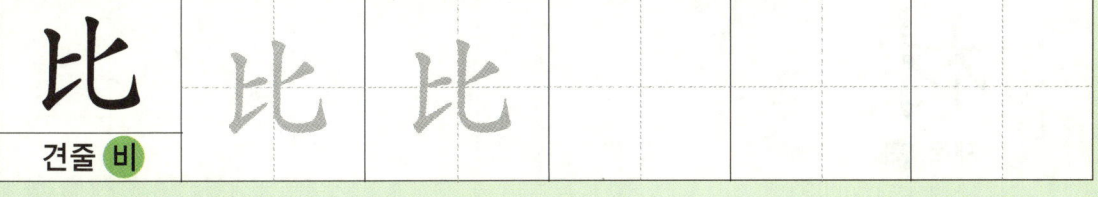

| 比 견줄 비 | 比 | 比 | | | | |
|---|---|---|---|---|---|---|

## 曜

뜻 : 빛나다　음 : 요

| 부수 | 日 |
|---|---|
| 총획수 | 18획 |

**글자의 유래**
꿩의 깃털이 햇살을 받아 빛남을 뜻하여 '빛나다'를 나타냄.

**글자가 쓰인 예**
- 曜日(요일) : 일, 월, 화, 수, 목, 금, 토의 각 날을 이르는 말.

**한자 써 보기**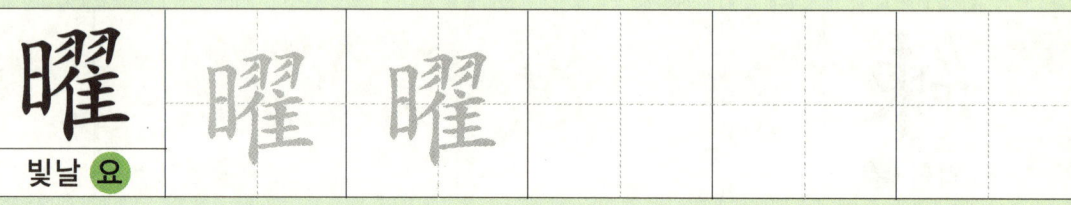

| 曜 (빛날 요) | 曜 | 曜 | | | | | |
|---|---|---|---|---|---|---|---|

## 材

뜻 : 재목　음 : 재

| 부수 | 木 |
|---|---|
| 총획수 | 7획 |

**글자의 유래**
집을 지을 때의 바탕이 되는 나무, 즉 '재목'을 뜻함. 뒤에 '재주'의 뜻으로도 쓰임.

**글자가 쓰인 예**
- 材料(재료) : 물건을 만드는 데 들어가는 원료.
- 木材(목재) : 나무로 된 재료.

**한자 써 보기**

| 材 (재목 재) | 材 | 材 | | | | | |
|---|---|---|---|---|---|---|---|

## 赤

뜻: 붉다  음: **적**

| 부수 | 赤 |
|---|---|
| 총획수 | 7획 |

**글자의 유래**
활활 크게 타는 불빛이 '붉은색'임을 나타냄.

**글자가 쓰인 예**
- 赤色(적색) : 붉은 빛깔.
- 赤信號(적신호) : 위험 신호.

**한자 써 보기** 一 十 土 产 赤 赤 赤

| 赤 붉을 적 | 赤 | 赤 | | | |
|---|---|---|---|---|---|

## 炭

뜻: 숯  음: **탄**

| 부수 | 火 |
|---|---|
| 총획수 | 9획 |

**글자의 유래**
산에서 캐내는 석탄, 구워 내는 '숯'을 나타냄.

**글자가 쓰인 예**
- 石炭(석탄) : 오랫동안 식물이 땅 속에 묻힌 뒤 만들어진 불에 타는 돌로, 연료나 화학 재료로 사용됨.
- 黑炭(흑탄) : 검은 숯.

**한자 써 보기** 炭 炭 炭 炭 炭 炭 炭 炭 炭

| 炭 숯 탄 | 炭 | 炭 | | | |
|---|---|---|---|---|---|

## 배운 한자를 써 보시오.

| 敬 공경 경 | 敬 | 敬 | | | | | |
| 曲 굽을 곡 | 曲 | 曲 | | | | | |
| 友 벗 우 | 友 | 友 | | | | | |
| 己 몸 기 | 己 | 己 | | | | | |
| 練 익힐 련 | 練 | 練 | | | | | |
| 比 견줄 비 | 比 | 比 | | | | | |
| 曜 빛날 요 | 曜 | 曜 | | | | | |
| 材 재목 재 | 材 | 材 | | | | | |
| 赤 붉을 적 | 赤 | 赤 | | | | | |
| 炭 숯 탄 | 炭 | 炭 | | | | | |

# 연습문제 1회

공부한날  월  일    점수

● 다음 한자의 뜻과 음을 쓰시오. (1~4)

1  曲  (            )

2  料  (            )

3  友  (            )

4  屋  (            )

● 다음 한자의 독음을 쓰시오. (5~8)

5  旅行  (            )

6  比例  (            )

7  木材  (            )

8  質問  (            )

● 다음 밑줄 친 부분에 공통으로 쓰인 한자를 □ 안에 쓰시오. (9~11)

9 ┌ 태화는 우리들의 진정한 친구이다.
　└ 우리는 서로 구면이지요?

10 ┌ 오늘은 민방위 훈련을 하는 날입니다.
　 └ 슬기는 수학 문제를 잘 풀 수 있게 연습을 하였습니다.

11 ┌ 우리 어머니는 요리 솜씨가 뛰어나십니다.
　 └ 내가 좋아하는 초콜릿의 원료는 카카오입니다.

🔹 다음 뜻에 알맞은 한자를 쓰시오. (12~15)

12
노인을 공경함.
(         )

13
여행하는 사람.
(         )

14
여럿 가운데서 뽑음.
(         )

15
타고난 성격.
(         )

🔹 다음 음에 알맞은 한자를 찾아 ○표 하시오. (16~18)

16 무 ········· 曲　無　比　赤

17 탄 ········· 料　良　性　炭

18 기 ········· 己　材　選　費

🔹 다음 한자의 독음을 쓰시오. (19~20)

19 曜日(         ) : 일, 월, 화, 수, 목, 금, 토의 각 날을 이르는 말.

20 赤色(         ) : 붉은 빛깔.

# 奉

뜻 : 받들다    음 : 봉

| 부수 | 大 |
|---|---|
| 총획수 | 8획 |

**글자의 유래**
두 손으로 물건을 떠받들고 있는 형상에서 '받들다'를 나타냄.

**글자가 쓰인 예**
- 奉仕(봉사) : 자신의 이해를 돌보지 않고 몸과 마음을 다하여 일함.
- 信奉(신봉) : 받들어 믿음.

**한자 써 보기**  一 二 三 丰 夫 寿 泰 奉

| 奉 받들 봉 | 奉 | 奉 | | | | |
|---|---|---|---|---|---|---|

# 仕

뜻 : 섬기다    음 : 사

| 부수 | 亻(人) |
|---|---|
| 총획수 | 5획 |

**글자의 유래**
선비가 벼슬을 하여 임금을 섬기는 것을 나타냄.

**글자가 쓰인 예**
- 給仕(급사) : 관청이나 회사에서 잔심부름을 하는 사람.
- 奉仕活動(봉사 활동) : 자신의 이해를 돌보지 않고 사회나 남을 위해 애쓰는 활동.

**한자 써 보기**  丿 亻 仁 什 仕

| 仕 섬길 사 | 仕 | 仕 | | | | |
|---|---|---|---|---|---|---|

## 傳

뜻 : 전하다    음 : 전

| 부수 | 亻(人) |
|---|---|
| 총획수 | 13획 |

**글자의 유래**
고지식한 사람은 오로지 자기가 들은 대로만 '전한다'는 뜻을 나타냄.

**글자가 쓰인 예**
- 傳記(전기) : 개인의 일생 동안 한 일이나 업적을 적은 기록.
- 傳說(전설) : 전해져 내려오는 이야기.

**한자 써 보기**   ノ 亻 亻 亻 伃 伃 佰 伸 俥 俥 傳 傳

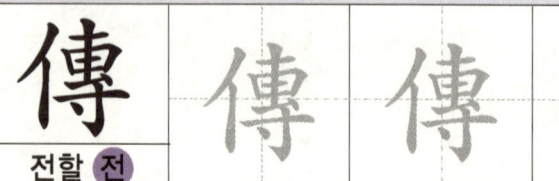

전할 전

## 說

뜻 : 말씀    음 : 설
뜻 : 달래다   음 : 세
뜻 : 기쁘다   음 : 열

| 부수 | 言 |
|---|---|
| 총획수 | 14획 |

**글자의 유래**
내용을 밝혀 기뻐하도록 설명하는 '말'이라는 뜻을 나타냄.

**글자가 쓰인 예**
- 說明(설명) : 상대방이 잘 알 수 있도록 풀어서 말함.
- 小說(소설) : 글쓴이가 허구적으로 이야기를 꾸며 낸 산문체의 문학 양식.

**한자 써 보기**   ` 亠 二 三 言 言 言 訃 訃 訃 訅 說 說

말씀 설

# 完

뜻 : 완전하다
음 : 완

| 부수 | 宀 |
|---|---|
| 총획수 | 7획 |

**글자의 유래**
근본이 잘 되어 있는 집을 뜻하며, 근본이 있으면 끝이 '완전하다'를 나타냄.

**글자가 쓰인 예**
- 完成(완성) : 완전히 이룸.
- 完全(완전) : 필요한 것이 모두 갖추어져 모자람이나 흠이 없음.

**한자 써 보기** ` 丶 宀 宀 宀 宇 宇 完`

完 | 完 | 完 | | | |
---|---|---|---|---|---
완전할 완 | | | | | |

# 固

뜻 : 굳다  음 : 고

| 부수 | 囗 |
|---|---|
| 총획수 | 8획 |

**글자의 유래**
성벽을 굳게 지킨다는 뜻에서 '굳다'를 나타냄.

**글자가 쓰인 예**
- 固定(고정) : 일정한 곳에 있어 움직이지 않음.
- 固體(고체) : 나무나 돌과 같이 일정한 형태를 가진 딱딱한 물체.

**한자 써 보기** `丨 冂 冂 円 円 周 周 固`

固 | 固 | 固 | | | |
---|---|---|---|---|---
굳을 고 | | | | | |

뜻 : 재앙　음 : 재

| 부수 | 火 |
|---|---|
| 총획수 | 7획 |

**글자의 유래**
물이나 불 때문에 입는 화라는 데서 '재앙'을 나타냄.

**글자가 쓰인 예**
- 水災(수재) : 홍수와 같은 물로 인한 재해.
- 人災(인재) : 사람에 의해 일어나는 재해.

**한자 써 보기**

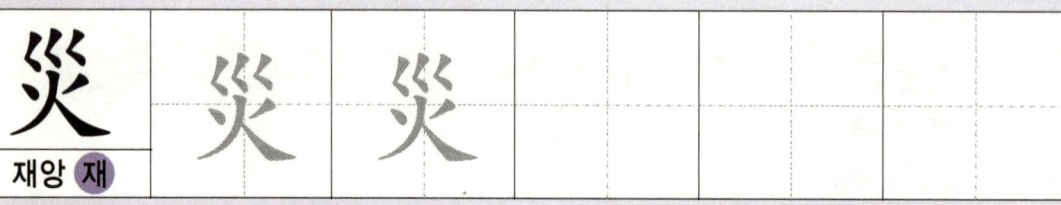

| 災 재앙 재 | 災 | 災 | | | | |
|---|---|---|---|---|---|---|

뜻 : 해치다　음 : 해

| 부수 | 宀 |
|---|---|
| 총획수 | 10획 |

**글자의 유래**
머리에 씌우개를 씌워 나아가는 것을 방해한다는 데서 '해치다'는 뜻을 나타냄.

**글자가 쓰인 예**
- 水害(수해) : 큰물로 입는 해.
- 加害(가해) : 남에게 손해를 끼침.

**한자 써 보기**

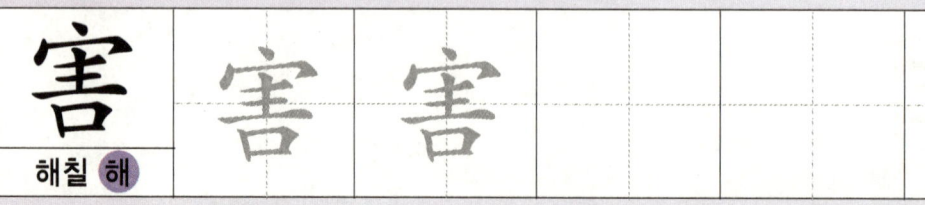

| 害 해칠 해 | 害 | 害 | | | | |
|---|---|---|---|---|---|---|

## 打

뜻 : 치다　음 : 타

| 부수 | 扌(手) |
|---|---|
| 총획수 | 5획 |

**글자의 유래**
손에 망치를 들고 못을 쳐서 박는다는 데서 '치다'를 나타냄.

**글자가 쓰인 예**
- 打席(타석) : 야구 경기에서 타자가 공을 치는 자리.
- 長打(장타) : 길게 침. 야구에서 2루타, 3루타, 홈런을 가리키는 말.

**한자 써 보기** 一 十 扌 扌 打

| 打 | 打 | 打 | | | |
|---|---|---|---|---|---|
| 칠 타 | | | | | |

## 令

뜻 : 명령　음 : 령

| 부수 | 人 |
|---|---|
| 총획수 | 5획 |

**글자의 유래**
사람을 모아서 무엇인가 명령하여 따르게 하는 것에서 '명령하다'를 나타냄.

**글자가 쓰인 예**
- 口令(구령) : 여러 사람이 한꺼번에 움직이도록 지르는 간단한 명령.
- 打令(타령) : 어떤 생각을 말로 자꾸 되풀이하는 것.

**한자 써 보기** ノ 人 亽 今 令

| 令 | 令 | 令 | | | |
|---|---|---|---|---|---|
| 명령 령 | | | | | |

5급(상) 25

✏️ 배운 한자를 써 보시오.

| 奉 받들 봉 | 奉 | 奉 | | | | |
| 仕 섬길 사 | 仕 | 仕 | | | | |
| 傳 전할 전 | 傳 | 傳 | | | | |
| 說 말씀 설 | 說 | 說 | | | | |
| 完 완전할 완 | 完 | 完 | | | | |
| 固 굳을 고 | 固 | 固 | | | | |
| 災 재앙 재 | 災 | 災 | | | | |
| 害 해칠 해 | 害 | 害 | | | | |
| 打 칠 타 | 打 | 打 | | | | |
| 令 명령 령 | 令 | 令 | | | | |

# 課

- 뜻 : 공부하다, 과정
- 음 : 과

| 부수 | 言 |
|---|---|
| 총획수 | 15획 |

**글자의 유래**
공부한 경과를 물어 본다 하여 '공부하다'를 나타냄.

**글자가 쓰인 예**
- 課題(과제) : 처리하거나 해결해야 할 문제.
- 日課(일과) : 날마다 규칙적으로 하는 일정한 일.

**한자 써 보기** ` 一 二 亖 亖 言 言 言 訂 訂 訂 評 課 課

| 課 공부할 과 | 課 | 課 | | | | |

# 汽

- 뜻 : 물끓는김, 수증기
- 음 : 기

| 부수 | 氵(水) |
|---|---|
| 총획수 | 7획 |

**글자의 유래**
물이 끓으면 뜨거운 기운이 일어나 '수증기'가 생긴다는 뜻을 나타냄.

**글자가 쓰인 예**
- 汽船(기선) : 증기 기관의 힘으로 움직이는 배.
- 汽車(기차) : 증기의 힘으로 철로를 달리는 차량.

**한자 써 보기** ` 冫 氵 氿 汽 汽

| 汽 물끓는김 기 | 汽 | 汽 | | | | |

5급(상) | 27

## 望

뜻: 바라다   음: **망**

| 부수 | 月 |
|---|---|
| 총획수 | 11획 |

**글자의 유래**
사람이 흙더미 위에서 달을 바라본다는 데서 '바라다'를 나타냄.

**글자가 쓰인 예**
- 德望(덕망) : 좋은 행동으로 얻은 명성.
- 失望(실망) : 일이 뜻대로 되지 않아 마음이 상함.

**한자 써 보기**   ` 亠 亡 切 坥 坥 坥 望 望 望

| 望 | 望 | 望 | | | | |
|---|---|---|---|---|---|---|
| 바랄 망 | | | | | | |

## 領

뜻: 거느리다   음: **령**

| 부수 | 頁 |
|---|---|
| 총획수 | 14획 |

**글자의 유래**
명령을 내리는 우두머리라는 데서 '거느리다'를 나타냄.

**글자가 쓰인 예**
- 領土(영토) : 영유하고 있는 땅.
- 首領(수령) : 한 당파나 무리의 우두머리.

**한자 써 보기**   ノ 人 ケ 今 令 命 命 領 領 領 領 領 領

| 領 | 領 | 領 | | | | |
|---|---|---|---|---|---|---|
| 거느릴 령 | | | | | | |

# 位

뜻 : 자리   음 : 위

| 부수 | 亻(人) |
|---|---|
| 총획수 | 7획 |

**글자의 유래**
사람이 서 있는 곳이라는 데서 '자리'를 나타냄.

**글자가 쓰인 예**
- 方位(방위) : 어떠한 방향의 위치.
- 位相(위상) : 어떤 사물의 위치나 상태.

**한자 써 보기**  ノ 亻 亻' 亻' 价 佇 位

| 位 자리 위 | 位 | 位 | | | | |
|---|---|---|---|---|---|---|

# 偉

뜻 : 크다, 뛰어나다
음 : 위

| 부수 | 亻(人) |
|---|---|
| 총획수 | 11획 |

**글자의 유래**
보통 사람과는 다른 사람이라는 데서 '크다', '훌륭하다'라는 뜻을 나타냄.

**글자가 쓰인 예**
- 偉人(위인) : 뛰어나고 훌륭한 사람.
- 偉大(위대) : 크게 뛰어나고 훌륭함.

**한자 써 보기**  ノ 亻 亻' 亻'' 偉 偉 偉 偉 偉 偉

| 偉 클 위 | 偉 | 偉 | | | | |
|---|---|---|---|---|---|---|

5급(상) | 29

# 元

뜻 : 으뜸  음 : 원

| 부수 | 儿 |
|---|---|
| 총획수 | 4획 |

**글자의 유래**
사람의 몸의 맨 위, 즉 머리라는 뜻으로 '으뜸'을 나타냄.

**글자가 쓰인 예**
- 元首(원수) : 한 나라의 최고 통치자.
- 元老(원로) : 특정한 분야에 대하여 경험과 공로가 많은 사람.

**한자 써 보기** 一 二 テ 元

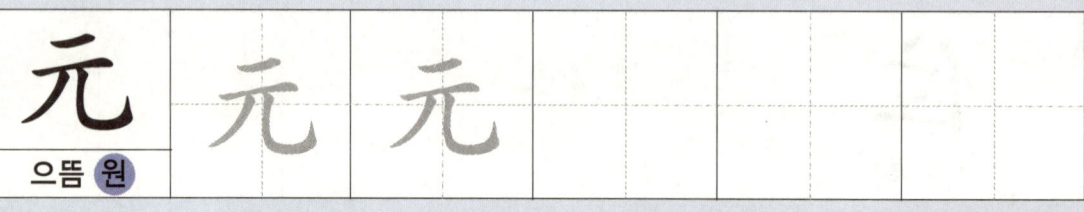

으뜸 원

---

# 賞

뜻 : 상을 주다  음 : 상

| 부수 | 貝 |
|---|---|
| 총획수 | 15획 |

**글자의 유래**
공을 세운 사람에게 숭상의 뜻으로 재물을 주어 칭찬한다는 뜻에서 '상주다'를 나타냄.

**글자가 쓰인 예**
- 賞金(상금) : 상으로 주는 돈.
- 入賞(입상) : 상을 받을 수 있는 범위에 들어감.

**한자 써 보기** 賞 賞 賞 賞 賞 賞 賞 賞 賞 賞 賞 賞 賞 賞 賞

상줄 상

# 財

뜻: 재물  음: **재**

| 부수 | 貝 |
|---|---|
| 총획수 | 10획 |

**글**자의 유래
생활하는 데 바탕이 되는 재산이라는 데서 '재물'을 나타냄.

**글**자가 쓰인 **예**
- 財物(재물): 돈이나 그 밖의 값나가는 모든 물건.
- 財産(재산): ① 재화나 자산. ② 소중한 것.

**한**자 써 보기   ㅣ 冂 冃 月 目 貝 貝 貝 財 財

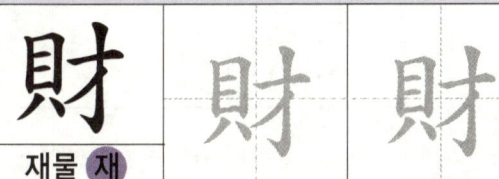

財 / 재물 재

# 效

뜻: 본받다, 효험
음: **효**

| 부수 | 攵(攴) |
|---|---|
| 총획수 | 10획 |

**글**자의 유래
어질고 학식 있는 사람과 사귀도록 타일러 좋은 점을 '본받게' 하면 인격 형성에 '효험'이 있음을 나타냄.

**글**자가 쓰인 **예**
- 效能(효능): 효과.
- 特效(특효): 특별한 효과.

**한**자 써 보기   ` ㅗ 亠 亠 亥 交 交 交 效 效

效 / 본받을 효

## 배운 한자를 써 보시오.

| 課 공부할 과 | 課 | 課 | | | | | |
| 汽 물끓는김 기 | 汽 | 汽 | | | | | |
| 望 바랄 망 | 望 | 望 | | | | | |
| 領 거느릴 령 | 領 | 領 | | | | | |
| 位 자리 위 | 位 | 位 | | | | | |
| 偉 클 위 | 偉 | 偉 | | | | | |
| 元 으뜸 원 | 元 | 元 | | | | | |
| 賞 상줄 상 | 賞 | 賞 | | | | | |
| 財 재물 재 | 財 | 財 | | | | | |
| 效 본받을 효 | 效 | 效 | | | | | |

## 연습문제 2회

| 공부한날 | 월 | 일 | 점수 |

**다음 한자의 뜻과 음을 쓰시오. (1~4)**

1. 課 ( )
2. 領 ( )
3. 固 ( )
4. 傳 ( )

**다음 한자의 독음을 쓰시오. (5~8)**

5. 打令 ( )
6. 汽車 ( )
7. 德望 ( )
8. 完成 ( )

**다음 밑줄 친 부분에 공통으로 쓰인 한자를 □ 안에 쓰시오. (9~11)**

9. ― 하루의 일과를 생각하며 일기를 씁니다.
   ― 방학 과제를 즐겁게 합니다.

10. ― 할아버지께서는 덕망 있는 어른이십니다.
    ― 부모님을 실망시키지 말아야지요.

11. ― 장마로 하천이 넘쳐 수재를 입게 되었습니다.
    ― 환경 파괴로 인한 자연 재해가 늘어나고 있습니다.

다음 뜻에 알맞은 한자를 쓰시오. (12~15)

12

뛰어나고 훌륭한 사람.
(           )

13

받들어 믿음.
(           )

14

상으로 주는 돈.
(           )

15

돈이나 그 밖의 값나가는 모든 물건.
(           )

다음 음에 알맞은 한자를 찾아 ○표 하시오. (16~18)

16 사   望 賞 仕 財

17 타   奉 打 災 汽

18 효   領 課 臣 效

다음 한자의 독음을 쓰시오. (19~20)

19 說明(           ) : 상대방이 잘 알 수 있도록 풀어서 말함.

20 元首(           ) : 한 나라의 최고 통치자.

# 團

뜻 : 둥글다, 뭉치다
음 : 단

| 부수 | 囗 |
|---|---|
| 총획수 | 14획 |

**글자의 유래**
한 덩어리로 뭉친다는 데서 '둥글다' 또는 '뭉치다'를 나타냄.

**글자가 쓰인 예**
- 團結(단결) : 많은 사람이 마음과 힘을 한데 뭉침.
- 團束(단속) : 규칙이나 법령, 명령 등을 잘 지키도록 통제함.

**한자 써 보기** 丨 冂 冂 冂 同 同 同 重 團 團 團 團 團 團

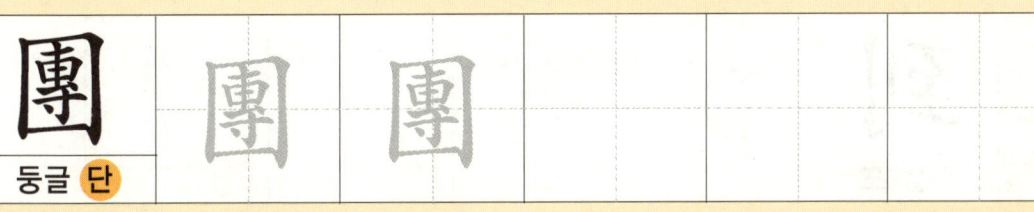

둥글 단

# 結

뜻 : 맺다   음 : 결

| 부수 | 糸 |
|---|---|
| 총획수 | 12획 |

**글자의 유래**
끊어진 실을 튼튼하고 좋게 잇는다는 데서 '맺다'를 나타냄.

**글자가 쓰인 예**
- 結末(결말) : 일이 마무리되는 끝.
- 結社(결사) : 여러 사람이 공동 목적을 달성하기 위해서 만든 조직.

**한자 써 보기** ˊ ㄠ ㄠ 幺 糸 糸 糸 紅 紝 結 結 結

맺을 결

# 到

뜻 : 이르다   음 : 도

| 부수 | 刂(刀) |
|---|---|
| 총획수 | 8획 |

**글자의 유래**
무사가 칼을 가지고 소집 장소에 이른다는 데서 '이르다'를 나타냄.

**글자가 쓰인 예**
- 到來(도래) : 이르러서 옴, 닥쳐 옴.
- 到着(도착) : 목적한 곳에 다다름.

**한자 써 보기**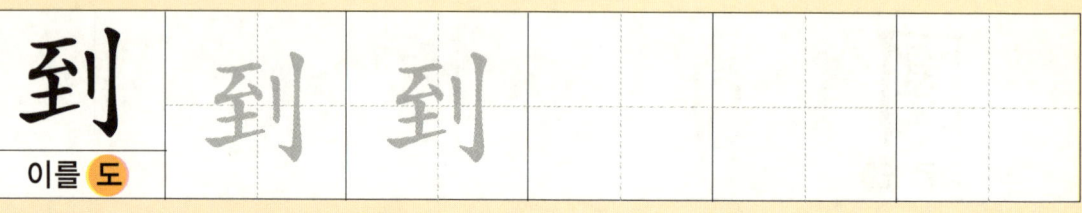

| 到 (이를 도) | 到 | 到 | | | | |
|---|---|---|---|---|---|---|

# 着

뜻 : 붙다   음 : 착

| 부수 | 目 |
|---|---|
| 총획수 | 12획 |

**글자의 유래**
양이 서로 마주 쳐다보며 떼를 지어 붙어 다닌다는 데서 '붙다'를 뜻함.

**글자가 쓰인 예**
- 着用(착용) : 옷, 모자, 신발 따위를 몸에 걸침.
- 着手(착수) : 어떤 일에 손을 대어 시작함.

**한자 써 보기** 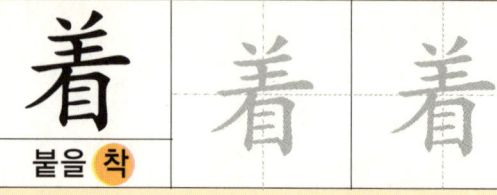 羊 羊 差 着 着 着

| 着 (붙을 착) | 着 | 着 | | | | |
|---|---|---|---|---|---|---|

# 歷

뜻 : 지내다  음 : **력**

| 부수 | 止 |
|---|---|
| 총획수 | 16획 |

**글자의 유래**
긴 세월에 걸쳐 사람들이 걸어온 발자취(止)를 나타냄.

**글자가 쓰인 예**
- 歷史(역사) : 인간이 살아온 사회의 발자취.
- 來歷(내력) : 겪어온 자취.

**한자 써 보기**  一 厂 厂 厂 厂 厂 厂 厂 厂 厤 厤 厤 歷 歷 歷

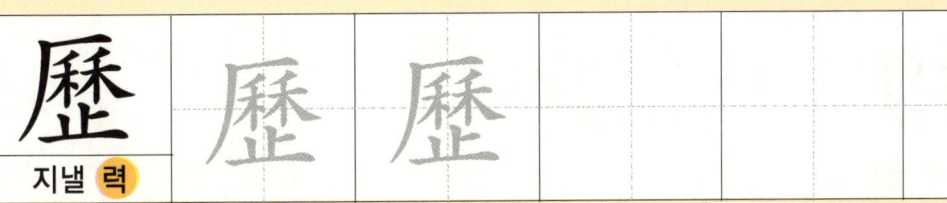

지낼 **력**

# 史

뜻 : 역사  음 : **사**

| 부수 | 口 |
|---|---|
| 총획수 | 5획 |

**글자의 유래**
손에 붓을 들고 '역사'를 기록하는 사람은 엄정해야 하고, 사실을 바르게 기록해야 함을 나타냄.

**글자가 쓰인 예**
- 史記(사기) : 역사를 기록한 책.
- 史實(사실) : 역사상에 있는 진실.

**한자 써 보기**  丨 口 口 史 史

역사 **사**

5급(상) | **37**

# 相

뜻 : 서로　음 : **상**

| 부수 | 目 |
|---|---|
| 총획수 | 9획 |

**글**자 의 유래
눈으로 나무를 본다는 데서 초목과 인간은 '서로' 돕는다는 뜻을 나타냄.

**글**자 가 쓰인 예
- 相談(상담) : 대책 따위를 세우기 위해 서로 의논하는 것.
- 相對(상대) : 서로 마주 대함. 겨룸.

**한**자 써 보기　一 十 才 木 村 机 相 相 相

| 相<br>서로 **상** | 相 | 相 | | | |
|---|---|---|---|---|---|

# 關

뜻 : 관계하다
음 : **관**

| 부수 | 門 |
|---|---|
| 총획수 | 19획 |

**글**자 의 유래
양쪽 문짝에 구멍을 뚫고 빗장을 질러 잠그는 것을 나타냄.

**글**자 가 쓰인 예
- 相關(상관) : 서로 관계가 있음.
- 關心(관심) : 어떤 일에 마음이 끌려 흥미를 가짐.

**한**자 써 보기　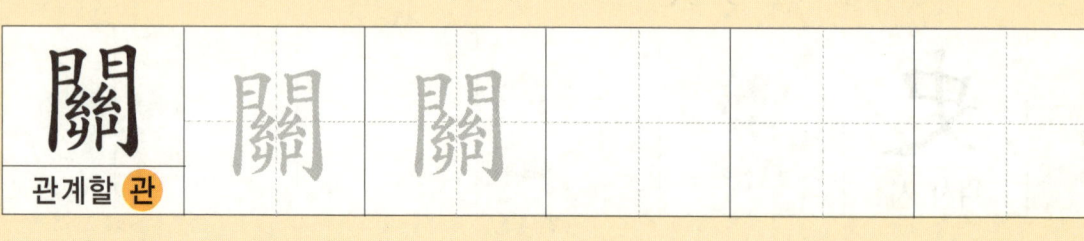

| 關<br>관계할 **관** | 關 | 關 | | | |
|---|---|---|---|---|---|

# 流

뜻 : 흐르다　음 : 류

| 부수 | 氵(水) |
|---|---|
| 총획수 | 10획 |

**글자의 유래**
어린아이가 물에 떠내려간다는 데서 '흐르다'를 나타냄.

**글자가 쓰인 예**
- 流動(유동) : 액체 같은 것이 흘러 움직임.
- 急流(급류) : 물이 급하게 흐름.

**한자 써 보기**　丶　丶　氵　氵　氵　氵　汸　浐　浐　浐　流

| 流 | 流 | 流 | | | | |
|---|---|---|---|---|---|---|
| 흐를 류 | | | | | | |

# 湖

뜻 : 호수　음 : 호

| 부수 | 氵(水) |
|---|---|
| 총획수 | 12획 |

**글자의 유래**
연못보다 큰 물이 '호수'임을 나타냄.

**글자가 쓰인 예**
- 湖水(호수) : 육지에 물이 고여 있는 아주 넓은 곳.
- 江湖(강호) : ① 강과 호수. ② 시골이나 자연.

**한자 써 보기**　丶　丶　氵　氵　汁　汁　沽　沽　浩　湖　湖　湖

| 湖 | 湖 | 湖 | | | | |
|---|---|---|---|---|---|---|
| 호수 호 | | | | | | |

배운 한자를 써 보시오.

| 團 둥글 단 | 團 | 團 | | | | |
| 結 맺을 결 | 結 | 結 | | | | |
| 到 이를 도 | 到 | 到 | | | | |
| 着 붙을 착 | 着 | 着 | | | | |
| 歷 지낼 력 | 歷 | 歷 | | | | |
| 史 역사 사 | 史 | 史 | | | | |
| 相 서로 상 | 相 | 相 | | | | |
| 關 관계할 관 | 關 | 關 | | | | |
| 流 흐를 류 | 流 | 流 | | | | |
| 湖 호수 호 | 湖 | 湖 | | | | |

# 洗

- 뜻 : 씻다, 깨끗하다
- 음 : 세

| 부수 | 氵(水) |
|---|---|
| 총획수 | 9획 |

**글자의 유래**
발을 물로 씻는다고 하여 '씻다' 또는 '깨끗하게 하다'를 나타냄.

**글자가 쓰인 예**
- 洗手(세수) : 손이나 얼굴을 씻음.
- 洗車(세차) : 자동차에 묻은 먼지나 흙을 씻음.

**한자 써 보기** ` ⸝ ⸝⸝ ⸝⸝⸝ 氵 汁 浐 泮 洗

| 洗 씻을 세 | 洗 | 洗 | | | |
|---|---|---|---|---|---|

# 浴

- 뜻 : 목욕하다
- 음 : 욕

| 부수 | 氵(水) |
|---|---|
| 총획수 | 10획 |

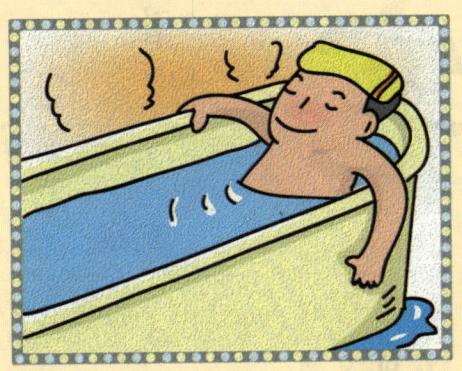

**글자의 유래**
골짜기에 흐르는 깨끗한 물로 '목욕한다'는 뜻을 나타냄.

**글자가 쓰인 예**
- 浴室(욕실) : 목욕하는 방.
- 日光浴(일광욕) : 온몸을 햇볕에 쬐는 일.

**한자 써 보기** ` ⸝ ⸝⸝ ⸝⸝⸝ 氵 氵 浻 浴 浴 浴

| 浴 목욕할 욕 | 浴 | 浴 | | | |
|---|---|---|---|---|---|

# 貯

뜻 : 쌓다　음 : 저

| 부수 | 貝 |
|---|---|
| 총획수 | 12획 |

**글자의 유래**
재물을 쌓아 둔다는 뜻. 나아가 '저장하다'의 뜻으로도 쓰임.

**글자가 쓰인 예**
- 貯金(저금) : 돈을 모아 둠.
- 貯水池(저수지) : 물을 끌어들여 모아 둘 목적으로 만들어 놓은 연못.

**한자 써 보기**　丨 冂 冃 月 目 貝 貝 貝 貝` 貯 貯 貯

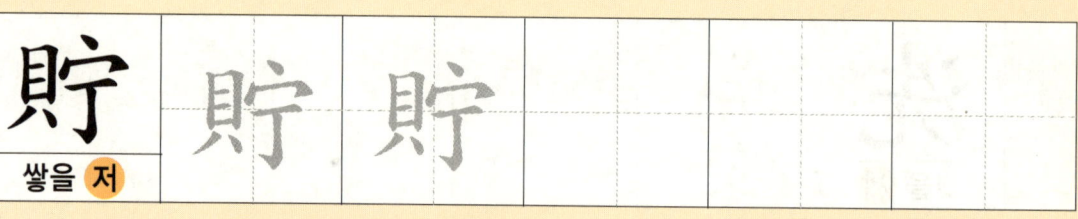

쌓을 저

# 宅

뜻 : 집　음 : 택(댁)

| 부수 | 宀 |
|---|---|
| 총획수 | 6획 |

**글자의 유래**
집에 의지한다는 데서 의지하고 사는 '집'을 나타냄.

**글자가 쓰인 예**
- 自宅(자택) : 자기가 사는 집(자기가 소유하는 집).
- 住宅(주택) : 사람들이 들어 사는 집.

**한자 써 보기**　' ⺉ 宀 宁 宅 宅

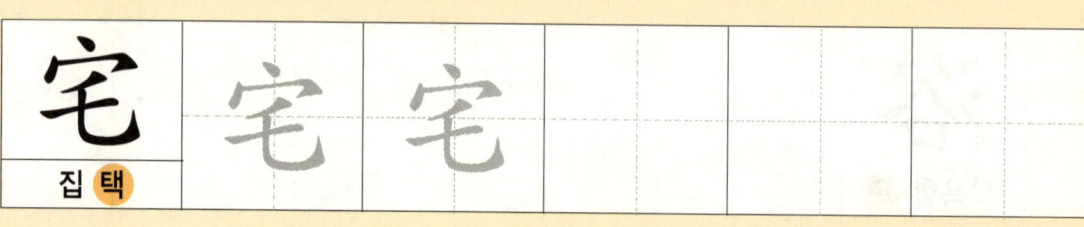

집 택

# 具

뜻 : 갖추다　음 : 구

| 부수 | 八 |
|---|---|
| 총획수 | 8획 |

**글자의 유래**
두 손에 돈을 쥐고 있는 모양을 본떠 '갖추다'는 뜻을 나타냄.

**글자가 쓰인 예**
- 家具(가구) : 집안 살림을 할 때 사용되는 기구.
- 工具(공구) : 물건을 만들거나 고치는 데 사용하는 도구.

**한자 써 보기**　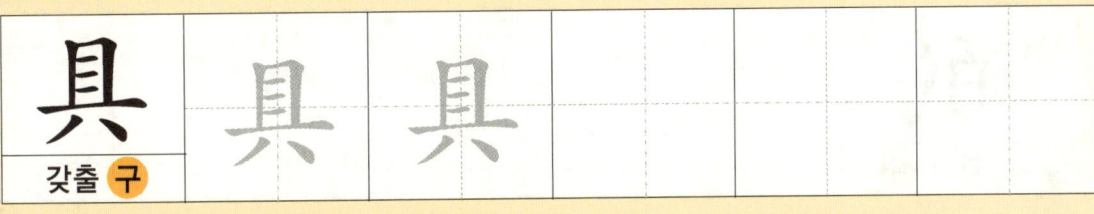

| 具<br>갖출 구 | 具 | 具 | | | | |
|---|---|---|---|---|---|---|

# 給

뜻 : 주다　음 : 급

| 부수 | 糸 |
|---|---|
| 총획수 | 12획 |

**글자의 유래**
좋은 옷감을 모아 시장에 줄을 잇듯이 내놓는다 하여 '주다'를 나타냄.

**글자가 쓰인 예**
- 給水(급수) : 물을 공급함.
- 月給(월급) : 직장에서 한 달 동안 일을 한 대가로 받는 돈.

**한자 써 보기**　ᐟ　ᐟ　ᐟ　ᐟ　糸　糸　糸　紒　給　給　給

| 給<br>줄 급 | 給 | 給 | | | | |
|---|---|---|---|---|---|---|

# 的

뜻 : 과녁  음 : 적

| 부수 | 白 |
|---|---|
| 총획수 | 8획 |

**글자의 유래**
흰 판에 작은 점을 찍어 활을 쏜다는 데서 '과녁'을 나타냄.

**글자가 쓰인 예**
- 目的(목적) : 이루려고 하는 목표.
- 的中(적중) : 목표에 들어 맞음.

**한자 써 보기**　′ 亻 亻 亻 白 白 的 的

| 的 (과녁 적) | 的 | 的 | | | | |
|---|---|---|---|---|---|---|

# 情

뜻 : 뜻  음 : 정

| 부수 | 忄(心) |
|---|---|
| 총획수 | 11획 |

**글자의 유래**
사람의 마음은 맑고 푸른 하늘처럼 선명하게 우러나온다는 뜻에서 '정'을 나타냄.

**글자가 쓰인 예**
- 感情(감정) : 느끼어 일어나는 심정.
- 愛情(애정) : 사랑하는 마음.

**한자 써 보기**　′ ′ 忄 忄 忄 忄 情 情 情 情

| 情 (뜻 정) | 情 | 情 | | | | |
|---|---|---|---|---|---|---|

# 節

뜻 : 마디　음 : 절

| 부수 | 竹 |
|---|---|
| 총획수 | 15획 |

**글자의 유래**
대나무가 자라감에 따라 '마디'가 생긴다는 뜻을 나타냄.

**글자가 쓰인 예**
- 節電(절전) : 전기를 아껴 사용함.
- 名節(명절) : 민속적으로 해마다 일정하게 지키어 즐기는 날.

**한자 써 보기**　丿 ㅏ ㅊ ㅅ ㅆ ㅆㅆ ㅆㅆ 竺 竺 筲 筲 節 節 節

節 | 節 | 節 | | | | |
---|---|---|---|---|---|---
마디 **절** | | | | | | |

# 他

뜻 : 다르다　음 : 타

| 부수 | 亻(人) |
|---|---|
| 총획수 | 5획 |

**글자의 유래**
뱀이 머리를 든 모양과 사람은 완전히 다르다 데서 '다르다'를 나타냄.

**글자가 쓰인 예**
- 他人(타인) : 다른 사람.
- 出他(출타) : 집에 있지 아니하고 다른 곳에 나감.

**한자 써 보기**　丿 亻 亻 他 他

他 | 他 | 他 | | | | |
---|---|---|---|---|---|---
다를 **타** | | | | | | |

**배운 한자를 써 보시오.**

| 洗 씻을 세 | 洗 | 洗 | | | | | |
| 浴 목욕할 욕 | 浴 | 浴 | | | | | |
| 貯 쌓을 저 | 貯 | 貯 | | | | | |
| 宅 집 택 | 宅 | 宅 | | | | | |
| 具 갖출 구 | 具 | 具 | | | | | |
| 給 줄 급 | 給 | 給 | | | | | |
| 的 과녁 적 | 的 | 的 | | | | | |
| 情 뜻 정 | 情 | 情 | | | | | |
| 節 마디 절 | 節 | 節 | | | | | |
| 他 다를 타 | 他 | 他 | | | | | |

# 연습문제 3회

공부한날   월   일   점수

다음 한자에 맞는 뜻과 음을 선으로 연결하시오. (1~4)

1. 給 • • ㉠ 씻을 세

2. 到 • • ㉡ 마디 절

3. 洗 • • ㉢ 줄 급

4. 節 • • ㉣ 이를 도

다음 유래에 맞는 한자를 보기 에서 찾아 쓰시오. (5~8)

| 보기 | 結   湖   宅   浴 |

5. 골짜기에 흐르는 깨끗한 물. (     )

6. 끊어진 실을 튼튼하고 좋게 잇는다. (     )

7. 의지하고 사는 집. (     )

8. 연못보다 큰 물. (     )

다음 밑줄 친 부분에 공통으로 쓰인 한자를 □ 안에 쓰시오. (9~11)

9. ┌ 오늘은 아버지 월급날입니다.
   └ 겨울에는 급수관이 얼어붙어 잘 터집니다.

10. ┌ 목적이 없이 일을 하면 실패하기 쉽습니다.
    └ 예상했던 문제들이 시험에 적중하였습니다.

11. ┌ 월드컵에서 미국은 우리의 상대가 되지 않았습니다.
    └ 선생님은 우리를 위하여 진로 상담을 해 주셨습니다.

5급(상) I 47

다음 한자의 독음을 쓰시오. (12 ~ 15)

12  家具    (        )
13  到着    (        )
14  相關    (        )
15  貯水池  (        )

다음 한자의 뜻과 음을 쓰시오. 그리고 주어진 한자와 음이 같은 한자를 찾아 ○표 하시오. (16~18)

16  團 (        )   給 今 仕 短

17  流 (        )   結 相 類 倍

18  史 (        )   浴 節 仕 貯

다음 낱말을 한자로 쓰시오. (19~20)

19  타인   (        )

20  자택   (        )

# 廣

뜻 : 넓다  음 : 광

| 부수 | 广 |
|---|---|
| 총획수 | 15획 |

### 글자의 유래
앞이 터진 집은 텅 비어 넓다는 데서 '넓다'를 나타냄.

### 글자가 쓰인 예
- 廣告(광고) : 세상에 널리 알림.
- 廣場(광장) : 여러 갈림길이 모이는 곳에 만든 너른 마당.

### 한자 써 보기
丶 亠 广 广 广 广 广 庐 庐 庐 庐 庸 庸 廣 廣

| 廣 넓을 광 | 廣 | 廣 | | | | |
|---|---|---|---|---|---|---|

# 告

뜻 : 알리다, 고하다
음 : 고

| 부수 | 口 |
|---|---|
| 총획수 | 7획 |

### 글자의 유래
소를 신에게 바치고 축원하는 말을 한다는 데서 '알리다'를 나타냄.

### 글자가 쓰인 예
- 告發(고발) : 알려지지 않은 잘못된 내용을 드러내어 알림.
- 告白(고백) : 숨김없이 사실대로 말함.

### 한자 써 보기
丿 一 ㅗ 牛 牛 告 告

| 告 알릴 고 | 告 | 告 | | | | |
|---|---|---|---|---|---|---|

# 基

뜻 : 터　음 : **기**

| 부수 | 土 |
|---|---|
| 총획수 | 11획 |

**글**자의 유래
집을 지을 네모난 터라는 데서 '터, 바탕'을 나타냄.

**글**자가 쓰인 **예**
- 基本(기본) : 사물의 근본.
- 基地(기지) : 활동의 중심이 되는 근거지.

**한**자 써 보기　一 十 卄 甘 甘 基 基 基 基 基 基

| 基 터 기 | 基 | 基 | | | | |
|---|---|---|---|---|---|---|

# 壇

뜻 : 단　음 : **단**

| 부수 | 土 |
|---|---|
| 총획수 | 16획 |

**글**자의 유래
흙을 높은 곳에 지은 쌀 창고같이 쌓아 놓은 '제단'을 나타냄.

**글**자가 쓰인 **예**
- 敎壇(교단) : 교실에서 선생님이 강의할 때 올라서는 단.
- 登壇(등단) : ① 연단이나 교단에 오름. ② 어떤 사회 분야에 처음 등장함.

**한**자 써 보기　一 十 土 圠 圹 圹 坆 坆 埗 埗 壇 壇 壇 壇 壇 壇

| 壇 단 단 | 壇 | 壇 | | | | |
|---|---|---|---|---|---|---|

# 敗

뜻 : 패하다    음 : 패

| 부수 | 攵(攴) |
|---|---|
| 총획수 | 11획 |

**글자의 유래**
조개를 두드려 깨뜨린다는 뜻에서 '패하다'를 나타냄.

**글자가 쓰인 예**
- 失敗(실패) : 일이 잘못됨.
- 勝敗(승패) : 승리와 패배.

**한자 써 보기** ㅣ 冂 冃 月 目 貝 貝 貝 財 敗 敗

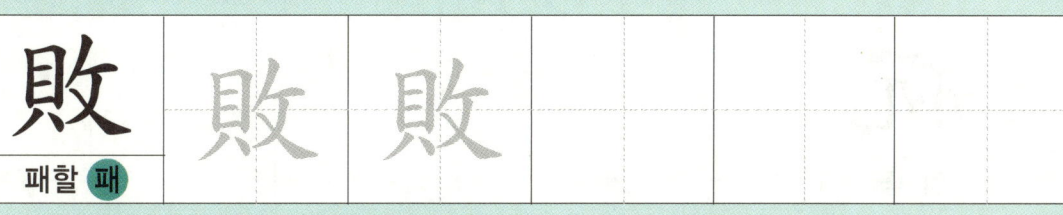

패할 패

# 亡

뜻 : 망하다    음 : 망

| 부수 | 亠 |
|---|---|
| 총획수 | 3획 |

**글자의 유래**
사람이 잘못을 저지르고 은폐된 곳에 들어가 숨어 지내는 것을 나타냄.

**글자가 쓰인 예**
- 亡命(망명) : 자기 나라에서 위협을 받는 사람이 다른 나라로 몸을 피함.
- 死亡(사망) : 사람이 죽어서 없어짐.

**한자 써 보기** ㆍ 亠 亡

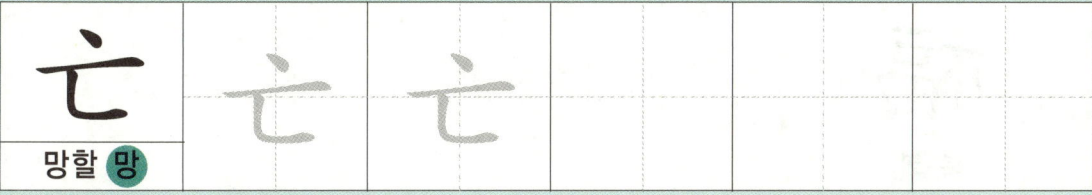

망할 망

# 祝

뜻 : 빌다　음 : 축

| 부수 | 示 |
|---|---|
| 총획수 | 10획 |

**글자의 유래**
사람이 축문을 읽으며 신에게 '빈다'는 것을 나타냄.

**글자가 쓰인 예**
- 祝福(축복) : 앞날의 행복을 비는 일.
- 祝歌(축가) : 축하하는 뜻으로 부르는 노래.

**한자 써 보기**　一 二 千 千 千 禾 禾 祁 祁 祝

| 祝 | 祝 | 祝 | | | |
|---|---|---|---|---|---|
| 빌 축 | | | | | |

# 福

뜻 : 복　음 : 복

| 부수 | 示 |
|---|---|
| 총획수 | 14획 |

**글자의 유래**
집 안에 가득 찬 곡식으로 신에게 제사를 지내면 '복'을 받는다는 것을 나타냄.

**글자가 쓰인 예**
- 萬福(만복) : 모든 행운이나 행복.
- 幸福(행복) : 만족을 느끼는 흐뭇한 상태.

**한자 써 보기**　一 二 千 千 禾 禾 禾 祁 祁 祁 福 福 福 福

| 福 | 福 | 福 | | | |
|---|---|---|---|---|---|
| 복 복 | | | | | |

# 宿

- 뜻 : 자다　음 : 숙
- 뜻 : 별자리　음 : 수

| 부수 | 宀 |
|---|---|
| 총획수 | 11획 |

**글자의 유래**
여러 사람이 들어가서 자는 집이라는 데서 '자다'를 나타냄.

**글자가 쓰인 예**
- 宿所(숙소) : 머물러 묵는 곳.
- 合宿(합숙) : 여러 사람이 한 곳에서 같이 잠.

**한자 써 보기**　丶 宀 宀 宀 宀 宀 宿 宿 宿

| 宿 잘 숙 | 宿 | 宿 | | | | |
|---|---|---|---|---|---|---|

# 願

- 뜻 : 원하다　음 : 원

| 부수 | 頁 |
|---|---|
| 총획수 | 19획 |

**글자의 유래**
생각을 하는 근본(原 ; 원)은 머리(頁 ; 혈)에서 이루어진다는 것을 나타냄.

**글자가 쓰인 예**
- 宿願(숙원) : 오랜 소원.
- 所願(소원) : 무슨 일이 이루어지기를 바람.

**한자 써 보기**　一 厂 厂 厂 厂 厂 原 原 原 原 原 原 願 願 願 願 願

| 願 원할 원 | 願 | 願 | | | | |
|---|---|---|---|---|---|---|

배운 한자를 써 보시오.

| 廣 넓을 광 | 廣 | 廣 | | | | | |
| 告 알릴 고 | 告 | 告 | | | | | |
| 基 터 기 | 基 | 基 | | | | | |
| 壇 단 단 | 壇 | 壇 | | | | | |
| 敗 패할 패 | 敗 | 敗 | | | | | |
| 亡 망할 망 | 亡 | 亡 | | | | | |
| 祝 빌 축 | 祝 | 祝 | | | | | |
| 福 복 복 | 福 | 福 | | | | | |
| 宿 잘 숙 | 宿 | 宿 | | | | | |
| 願 원할 원 | 願 | 願 | | | | | |

# 變

뜻 : 변하다   음 : **변**

| 부수 | 言 |
|---|---|
| 총획수 | 23획 |

**글**자의 유래
얽힌 실을 풀어서 원래의 모양이 변했음을 나타냄.

**글**자가 쓰인 **예**
- 變化(변화) : 사물의 모양이나 성질 등이 변하여 달라짐.
- 變身(변신) : 몸이나 모습을 바꿈.

**한**자 써 보기   ` 亠 亠 亡 言 言 言 綸 綸 綸 綸 綸 綸 綸 綸 綸 綸 綸 綸 變 變

| 變 | 變 | 變 | | | |
|---|---|---|---|---|---|
| 변할 **변** | | | | | |

# 化

뜻 : ~으로 되다
음 : **화**

| 부수 | 匕 |
|---|---|
| 총획수 | 4획 |

**글**자의 유래
사람이 모양을 바꾸어 다른 사람이 '되다'를 나타냄.

**글**자가 쓰인 **예**
- 强化(강화) : 더 튼튼하고 강하게 함.
- 文化(문화) : 문명이 발달하여 생활이 편리하게 되는 일.

**한**자 써 보기   ノ 亻 亻 化

| 化 | 化 | 化 | | | |
|---|---|---|---|---|---|
| 될 **화** | | | | | |

5급(상) | 55

# 救

뜻 : 구원하다
음 : 구

| 부수 | 攵(攴) |
|---|---|
| 총획수 | 11획 |

**글자의 유래**
무기를 들고 치려다가 항복하는 적을 구해 준다는 데서 '구하다'를 나타냄.

**글자가 쓰인 예**
- 救國(구국) : 위태한 나라를 구해 냄.
- 救命(구명) : 사람의 목숨을 구함.

**한자 써 보기** 一 十 十 才 才 求 求 求 救 救 救

| 救 | 救 | 救 | | | |
|---|---|---|---|---|---|
| 구원할 구 | | | | | |

# 朗

뜻 : 밝다  음 : 랑

| 부수 | 月 |
|---|---|
| 총획수 | 11획 |

**글자의 유래**
달이 밝다는 데서 '밝다'를 나타냄.

**글자가 쓰인 예**
- 朗讀(낭독) : 소리내어 글을 읽음.
- 明朗(명랑) : 유쾌하고 활발함.

**한자 써 보기** ` ㅋ ㅋ ㅋ 皀 皀 良 朗 朗 朗 朗

| 朗 | 朗 | 朗 | | | |
|---|---|---|---|---|---|
| 밝을 랑 | | | | | |

# 仙

뜻 : 신선  음 : **선**

| 부수 | 亻(人) |
|---|---|
| 총획수 | 5획 |

**글**자의 유래
사람이 산 속에 들어가 불로장생의 도를 닦는 데서 '신선'을 나타냄.

**글**자가 쓰인 **예**
- 仙女(선녀) : 신선의 세계에 사는 여자 신선.
- 神仙(신선) : 도를 닦아 신비한 능력을 보인다는 상상의 사람.

**한**자 써 보기  ノ 亻 仙 仙 仙

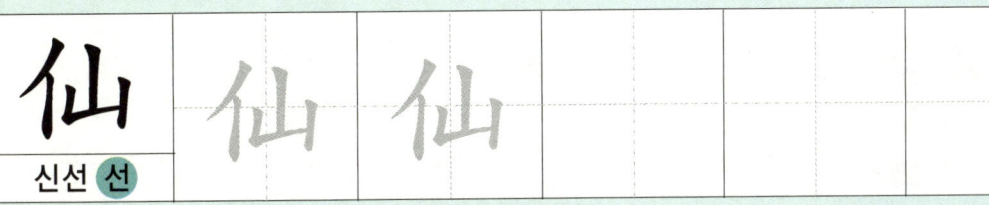

신선 **선**

# 士

뜻 : 선비  음 : **사**

| 부수 | 士 |
|---|---|
| 총획수 | 3획 |

**글**자의 유래
하나에서 열까지 무엇이든지 다 아는 사람이라는 뜻에서 '선비'를 나타냄.

**글**자가 쓰인 **예**
- 士氣(사기) : 사람이 단결하여 무슨 일을 할 때의 기세.
- 名士(명사) : 사회적으로 널리 알려진 사람.

**한**자 써 보기  一 十 士

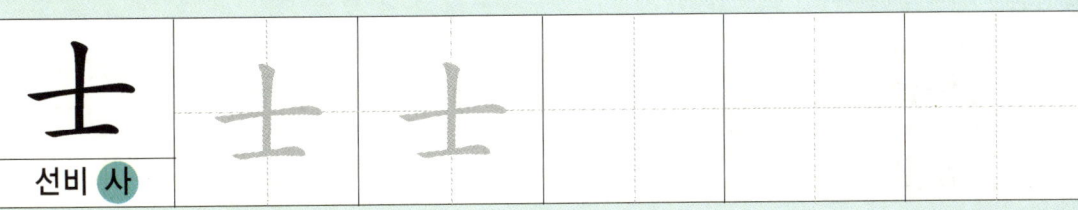

선비 **사**

5급(상) | **57**

# 億

뜻: 억  음: **억**

| 부수 | 亻(人) |
|---|---|
| 총획수 | 15획 |

**글**자 의 유래
사람의 마음 속에서만 생각할 수 있는 '큰 수'를 나타냄.

**글**자 가 쓰인 예
- 億萬長者(억만 장자) : 몇 억대의 많은 재산을 가진 사람.
- 數億(수억) : 억의 두서너 배가 되는 수.

**한**자 써 보기  ノ 亻 亻 仁 仁 产 产 产 倅 倅 倅 倅 億 億 億

| 億 억 **억** | 億 | 億 | | | | |
|---|---|---|---|---|---|---|

# 院

뜻: 집, 담장
음: **원**

| 부수 | 阝(阜) |
|---|---|
| 총획수 | 10획 |

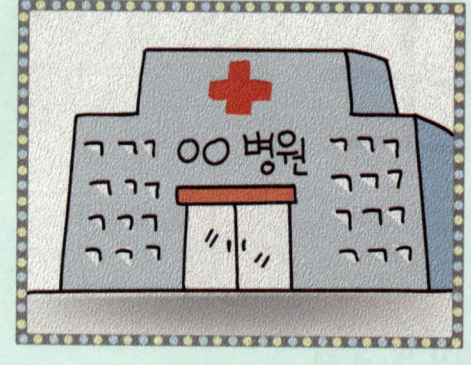

**글**자 의 유래
언덕에 튼튼하게 담을 쌓은 '집'은 '관청', '학교'를 나타냄.

**글**자 가 쓰인 예
- 法院(법원) : 국가의 사법권을 행사하는 기관. 재판소.
- 病院(병원) : 병이 든 사람을 진찰하거나 치료하는 곳.

**한**자 써 보기  ' ﹁ 阝 阝 阝 阝 阣 阣 陀 院

| 院 집 **원** | 院 | 院 | | | | |
|---|---|---|---|---|---|---|

# 罪

뜻 : 허물  음 : **죄**

| 부수 | 罒 |
|---|---|
| 총획수 | 13획 |

### 글자의 유래
법의 그물에 걸려들 그릇된 짓은 '죄'라는 뜻을 나타냄.

### 글자가 쓰인 예
- 罪惡(죄악) : 죄가 될 만한 나쁜 짓.
- 罪人(죄인) : 죄를 지은 사람.

### 한자 써 보기
丨 冂 冂 罒 罒 罪 罪 罪 罪 罪 罪 罪 罪

| 罪 허물 죄 | 罪 | 罪 | | | |
|---|---|---|---|---|---|

# 卓

뜻 : 높다, 탁자
음 : **탁**

| 부수 | 十 |
|---|---|
| 총획수 | 8획 |

### 글자의 유래
이른 아침에 해가 떠서 하늘 위로 높이 오른다는 데서 '높다'를 나타냄.

### 글자가 쓰인 예
- 卓球(탁구) : 나무로 만든 탁자 위에서 공을 치는 운동 경기.
- 食卓(식탁) : 식사용 탁자.

### 한자 써 보기
丨 卜 ト 占 占 卢 卓 卓

| 卓 높을 탁 | 卓 | 卓 | | | |
|---|---|---|---|---|---|

### 배운 한자를 써 보시오.

| 變 변할 변 | 變 | 變 | | | | |
| 化 될 화 | 化 | 化 | | | | |
| 救 구원할 구 | 救 | 救 | | | | |
| 朗 밝을 랑 | 朗 | 朗 | | | | |
| 仙 신선 선 | 仙 | 仙 | | | | |
| 士 선비 사 | 士 | 士 | | | | |
| 億 억 억 | 億 | 億 | | | | |
| 院 집 원 | 院 | 院 | | | | |
| 罪 허물 죄 | 罪 | 罪 | | | | |
| 卓 높을 탁 | 卓 | 卓 | | | | |

## 연습문제 4회

| 공부한날 | 월 | 일 | 점수 |
|---|---|---|---|

다음 한자에 맞는 뜻과 음을 선으로 연결하시오. (1~4)

1. 壇 · · ㉠ 변할 변

2. 亡 · · ㉡ 단 단

3. 億 · · ㉢ 망할 망

4. 變 · · ㉣ 억 억

다음 유래를 가진 한자를 보기 에서 찾아 쓰시오. (5~8)

| 보기 | 告　　敗　　救　　士 |
|---|---|

5. 하나에서 열까지 무엇이든지 다 아는 사람. (　　　)

6. 소를 신에게 바치고 축원한다. (　　　)

7. 조개를 두드려 깨뜨린다. (　　　)

8. 무기를 들고 치려다가 항복하는 적을 구해 준다. (　　　)

다음 밑줄 친 부분에 공통으로 쓰인 한자를 □ 안에 쓰시오. (9~11)

9. ─ 텔레비전에서 우유 광고를 보았습니다.　　□
　　└ 시청 앞 광장에 사람들이 많이 모였습니다.　□

10. ─ 어른들께 인사를 하는 것은 기본 예절입니다.　□
　　└ 우리 동네에는 공군 기지가 있습니다.　　　　□

11. ─ 누나는 많은 사람의 축복 속에서 결혼식을 올렸습니다.　□
　　└ 대부분의 사람들은 행복한 미래를 꿈꿉니다.　　　　　　□

◉ 다음 한자의 독음을 쓰시오. (12 ~ 15)

12  明朗   (     )      13  仙女   (     )

14  病院   (     )      15  食卓   (     )

◉ 다음 한자의 뜻과 음을 쓰시오. 그리고 주어진 한자와 음이 같은 한자를 찾아 ○표 하시오. (16~18)

16  化 (     )    勞 和 仙 必

17  廣 (     )    化 福 光 億

18  願 (     )    元 罪 亡 壇

◉ 다음 낱말을 한자로 쓰시오. (19~20)

19  무죄   (     )

20  축복   (     )

# 臣

뜻 : 신하  음 : 신

| 부수 | 臣 |
|---|---|
| 총획수 | 6획 |

**글자의 유래**
임금 앞에 몸을 구부리고 있는 '신하'의 모양을 본뜬 글자.

**글자가 쓰인 예**
- 臣下(신하) : 임금을 섬기어 벼슬 하는 사람.
- 使臣(사신) : 임금이나 국가의 명령을 받고 외국에 심부름 가는 신하.

**한자 써 보기** 一 丆 丆 丆 臣 臣

| 臣 신하 신 | 臣 | 臣 | | | | |
|---|---|---|---|---|---|---|

# 歲

뜻 : 해  음 : 세

| 부수 | 止 |
|---|---|
| 총획수 | 13획 |

**글자의 유래**
도끼, 농기구를 들고 걸으면서 농사를 지으며 해와 '세월'을 보내는 것을 나타냄.

**글자가 쓰인 예**
- 歲月(세월) : 흘러가는 시간.
- 年歲(연세) : 어른의 나이를 높여 부름.

**한자 써 보기** ' ㅏ ㅏ 止 此 屵 屵 屵 歲 歲 歲

| 歲 해 세 | 歲 | 歲 | | | | |
|---|---|---|---|---|---|---|

# 寒

뜻 : 차다    음 : 한

| 부수 | 宀 |
|---|---|
| 총획수 | 12획 |

**글자의 유래**
풀 더미를 덮고 추위를 피한다는 데서 '차다'를 나타냄.

**글자가 쓰인 예**
- 寒氣(한기) : 추운 기운.
- 寒流(한류) : 북극과 남극에서 적도 쪽으로 흐르는 찬 해류.

**한자 써 보기**

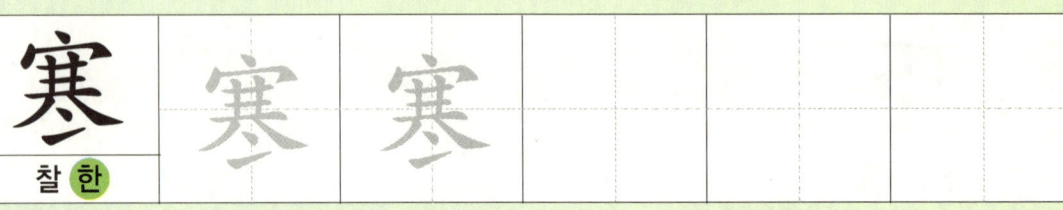

寒 찰 한

# 勞

뜻 : 일하다    음 : 로

| 부수 | 力 |
|---|---|
| 총획수 | 12획 |

**글자의 유래**
밤에 불을 켜고 일을 한다는 데서 '일하다'를 나타냄.

**글자가 쓰인 예**
- 勞苦(노고) : 힘들게 노력함.
- 功勞(공로) : 어떤 일을 마치거나 목적을 이루는 데 들인 노력과 수고.

**한자 써 보기**

勞 일할 로

# 輕

**뜻 : 가볍다    음 : 경**

| 부수 | 車 |
|---|---|
| 총획수 | 14획 |

### 글자의 유래
수레가 물줄기 흐르듯 가볍게 달린다는 데서 '가볍다'를 나타냄.

### 글자가 쓰인 예
- 輕車(경차) : '경승용차'의 준말로, 비교적 작고 가벼운 차.
- 輕量(경량) : 가벼운 무게.

### 한자 써 보기
一 ㄕ ㅁ ㅂ 甘 亘 車 車 軒 軒 輕 輕 輕 輕

| 輕 (가벼울 경) | 輕 | 輕 | | | | |
|---|---|---|---|---|---|---|

# 島

**뜻 : 섬    음 : 도**

| 부수 | 山 |
|---|---|
| 총획수 | 10획 |

### 글자의 유래
새가 바다 가운데의 산에 앉아 있는 모습으로 '섬'을 나타냄.

### 글자가 쓰인 예
- 落島(낙도) : 외따로 떨어져 있는 섬.
- 三多島(삼다도) : 여자, 돌, 바람이 많은 섬이라는 뜻으로 '제주도'를 말함.

### 한자 써 보기
' ㄕ ㅁ ㅁ 白 自 鳥 鳥 島 島

| 島 (섬 도) | 島 | 島 | | | | |
|---|---|---|---|---|---|---|

# 貴

뜻 : 귀하다　음 : **귀**

| 부수 | 貝 |
|---|---|
| 총획수 | 12획 |

**글**자의 유래
　제물을 많이 쌓아 놓은 사람은 귀하다는 데서 '귀하다'를 나타냄.

**글**자가 쓰인 **예**
 • 貴族(귀족) : 가문이나 신분이 높은 사람들.
 • 高貴(고귀) : 지위가 높고 귀함.

**한**자 써 보기　` 冂 口 中 虫 虫 串 串 貴 貴 貴 貴

貴 (귀할 귀)

---

# 決

뜻 : 결단하다
음 : **결**

| 부수 | 氵(水) |
|---|---|
| 총획수 | 7획 |

**글**자의 유래
　홍수의 범람을 막기 위해 상류의 물길을 끊어 터 놓는다는 데서 '끊다', '결단하다'를 나타냄.

**글**자가 쓰인 **예**
 • 決定(결정) : 행동이나 태도를 분명하게 함.
 • 決意(결의) : 굳은 마음가짐.

**한**자 써 보기　` 冫 氵 氵 汀 江 沪 決

決 (결단할 결)

## 件

뜻 : 물건, 사건
음 : **건**

| 부수 | 亻(人) |
|---|---|
| 총획수 | 6획 |

**글**자 의 유래
사람이나 소 따위를 하나하나 세는 단위에서 유래하여 '물건'을 나타냄.

**글**자 가 쓰인 예
- 物件(물건) : 일정한 모양을 갖춘 모든 물체.
- 事件(사건) : 문제가 되거나 관심을 끌 만한 일.

**한**자 써 보기 ノ 亻 亻 仁 件 件

| 件 | 件 | 件 | | | |
|---|---|---|---|---|---|
| 물건 **건** | | | | | |

## 養

뜻 : 기르다    음 : **양**

| 부수 | 食 |
|---|---|
| 총획수 | 15획 |

**글**자 의 유래
양에게 먹이를 주어 잘 키우는 데서 '기르다'를 나타냄.

**글**자 가 쓰인 예
- 養育(양육) : 어린아이를 기름.
- 奉養(봉양) : 부모나 어른을 받들어 모심.

**한**자 써 보기 丶 丷 䒑 䒑 䒑 芏 芏 美 美 美 养 养 养 养 養 養

| 養 | 養 | 養 | | | |
|---|---|---|---|---|---|
| 기를 **양** | | | | | |

배운 한자를 써 보시오.

| 臣 신하 신 | 臣 | 臣 | | | | |
| 歲 해 세 | 歲 | 歲 | | | | |
| 寒 찰 한 | 寒 | 寒 | | | | |
| 勞 일할 로 | 勞 | 勞 | | | | |
| 輕 가벼울 경 | 輕 | 輕 | | | | |
| 島 섬 도 | 島 | 島 | | | | |
| 貴 귀할 귀 | 貴 | 貴 | | | | |
| 決 결단할 결 | 決 | 決 | | | | |
| 件 물건 건 | 件 | 件 | | | | |
| 養 기를 양 | 養 | 養 | | | | |

# 雄

뜻 : 수컷  음 : 웅

| 부수 | 隹 |
|---|---|
| 총획수 | 12획 |

**글**자의 유래

힘을 자랑하는 날개가 넓은 수새의 모습에서 모든 수컷을 나타냄.

**글**자가 쓰인 예

- 英雄(영웅) : 지혜, 재능, 용기가 뛰어난 사람.
- 雄志(웅지) : 큰 뜻. 웅대한 뜻.

**한**자 써 보기  一 ナ ナ 太 太 太 太 太 雄 雄 雄 雄

| 雄 수컷 웅 | 雄 | 雄 | | | | |
|---|---|---|---|---|---|---|

# 以

뜻 : 써  음 : 이

| 부수 | 人 |
|---|---|
| 총획수 | 5획 |

**글**자의 유래

사람은 쟁기를 써야 밭을 갈 수 있다는 것을 나타냄.

**글**자가 쓰인 예

- 以上(이상) : 수나 양이 그보다 많거나 위를 나타냄.
- 以心傳心(이심 전심) : 마음에서 마음으로 전함.

**한**자 써 보기  丿 レ レ 以 以

| 以 써 이 | 以 | 以 | | | | |
|---|---|---|---|---|---|---|

# 爭

뜻 : 다투다   음 : 쟁

| 부수 | 爪 |
|---|---|
| 총획수 | 8획 |

**글자의 유래**
물건을 빼앗으려고 서로 잡아당기면서 다툼을 나타냄.

**글자가 쓰인 예**
- 競爭(경쟁) : 같은 목적을 두고 서로 이기려고 다툼.
- 言爭(언쟁) : 말다툼.

**한자 써 보기**   ノ ノ ノ ㅅ ㅅ ㅅ 쓱 쏙 쏠 爭

| 爭 다툴 쟁 | 爭 | 爭 | | | | |
|---|---|---|---|---|---|---|

# 操

뜻 : 잡다   음 : 조

| 부수 | 扌(手) |
|---|---|
| 총획수 | 16획 |

**글자의 유래**
새가 둥지를 틀듯 손을 교묘하게 놀리는 것을 나타냄.

**글자가 쓰인 예**
- 操作(조작) : 작업. 사물을 자기에게 유익하도록 조종함.
- 志操(지조) : 곧고 의로운 생각.

**한자 써 보기**

| 操 잡을 조 | 操 | 操 | | | | |
|---|---|---|---|---|---|---|

## 週

뜻 : 돌다　음 : 주

| 부수 | 辶(辵) |
|---|---|
| 총획수 | 12획 |

**글자의 유래**
　주(周)는 음을 나타내고, 걸어서(辵) 한 바퀴 도는 것을 나타냄.

**글자가 쓰인 예**
- 週日(주일) : 월요일부터 일요일까지. 7일간.
- 週期(주기) : 한 바퀴를 도는 시기.

**한자 써 보기**　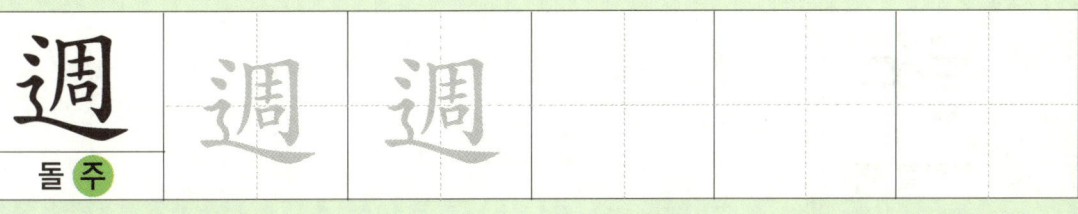

| 週 | 週 | 週 | | | | |
|---|---|---|---|---|---|---|
| 돌 주 | | | | | | |

## 州

뜻 : 고을　음 : 주

| 부수 | 巛 |
|---|---|
| 총획수 | 6획 |

**글자의 유래**
　강이나 하천이 흐르는 물줄기 사이에 있는 섬을 나타냄.

**글자가 쓰인 예**
- 光州(광주) : 전라 남도의 도청이 있는 도시.
- 慶州(경주) : 옛 신라의 서울로, 경상 북도에 있는 도시.

**한자 써 보기**　丿 丿 丿丶 州 州 州

| 州 | 州 | 州 | | | | |
|---|---|---|---|---|---|---|
| 고을 주 | | | | | | |

5급(상)

# 許

- 뜻 : 허락하다
- 음 : 허

| 부수 | 言 |
|---|---|
| 총획수 | 11획 |

**글자의 유래**
상대방의 말을 듣고 의견을 같이한다는 데서 '허락하다' 는 뜻을 나타냄.

**글자가 쓰인 예**
- 許可(허가) : 들어줌. 제한·금지된 일을 할 수 있도록 함.
- 許容(허용) : 허락하여 받아들임.

**한자 써 보기** ` 一 亠 亖 言 言 言 言 計 訐 許

| 許 허락할 허 | 許 | 許 | | | |
|---|---|---|---|---|---|

# 患

- 뜻 : 근심  음 : 환

| 부수 | 心 |
|---|---|
| 총획수 | 11획 |

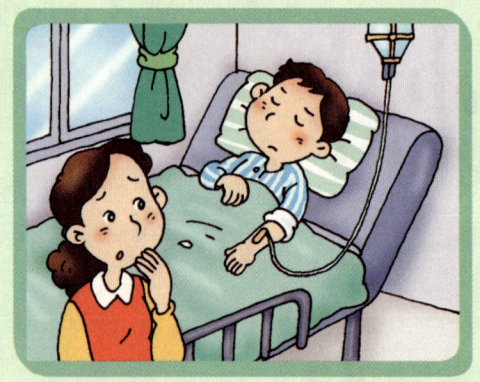

**글자의 유래**
꼬챙이로 찌르듯이 마음이 아프다는 데서 '근심' 의 뜻이 됨.

**글자가 쓰인 예**
- 患者(환자) : 병을 앓는 사람.
- 後患(후환) : 어떤 일로 뒷날에 생기는 근심 걱정.

**한자 써 보기** ` 冂 冃 吕 吕 串 串 患 患 患

| 患 근심 환 | 患 | 患 | | | |
|---|---|---|---|---|---|

# 鐵

뜻: 쇠 음: **철**

| 부수 | 金 |
|---|---|
| 총획수 | 21획 |

**글자의 유래**
예리한 물건을 만들 수 있는 검붉은 쇠를 나타냄.

**글자가 쓰인 예**
- 鐵馬(철마) : 기차.
- 鐵道(철도) : 기차가 다닐 수 있게 만든 철길.

**한자 써 보기** ノ 亻 亻 ヒ 乍 乍 乍 金 金 鈩 鈩 鈩 鈩 鈩 鈩 鈩 鐽 鐽 鐵 鐵 鐵

| 鐵 | 鐵 | 鐵 | | | | |
|---|---|---|---|---|---|---|
| 쇠 **철** | | | | | | |

---

# 板

뜻: 널빤지 음: **판**

| 부수 | 木 |
|---|---|
| 총획수 | 8획 |

**글자의 유래**
뜻을 나타내는 나무(木)와 음을 나타내는 (反)이 합하여 이루어짐.

**글자가 쓰인 예**
- 鐵板(철판) : 쇠를 얇게 펴서 만든 판.
- 板子(판자) : 널빤지.

**한자 써 보기** 一 十 才 木 木 板 板 板

| 板 | 板 | 板 | | | | |
|---|---|---|---|---|---|---|
| 널 **판** | | | | | | |

✏️ 배운 한자를 써 보시오.

| 雄 수컷 웅 | 雄 | 雄 | | | | | | |
| 以 써 이 | 以 | 以 | | | | | | |
| 爭 다툴 쟁 | 爭 | 爭 | | | | | | |
| 操 잡을 조 | 操 | 操 | | | | | | |
| 週 돌 주 | 週 | 週 | | | | | | |
| 州 고을 주 | 州 | 州 | | | | | | |
| 許 허락할 허 | 許 | 許 | | | | | | |
| 患 근심 환 | 患 | 患 | | | | | | |
| 鐵 쇠 철 | 鐵 | 鐵 | | | | | | |
| 板 널 판 | 板 | 板 | | | | | | |

# 연습문제 5회

| 공부한날 | 월 | 일 | 점수 | |
|---|---|---|---|---|

◉ 다음 한자의 뜻과 음을 쓰시오. (1~4)

1. 州 (                    )

2. 決 (                    )

3. 輕 (                    )

4. 臣 (                    )

◉ 다음 한자의 독음을 쓰시오. (5~8)

5. 寒流 (          )　　6. 高貴 (          )

7. 英雄 (          )　　8. 許可 (          )

◉ 다음 밑줄 친 부분에 공통으로 쓰인 한자를 □ 안에 쓰시오. (9~11)

9. ┌ 부모님은 우리를 사랑으로 <u>양육</u>하십니다.
   └ 우리는 부모님을 정성껏 <u>봉양</u>합니다. □

10. ┌ 평생의 <u>공로</u>를 기려 훈장을 수여하였습니다.
    └ 우리는 선생님의 <u>노고</u>에 감사드립니다. □

11. ┌ 날마다 일어나는 <u>사건</u>들을 방송으로 보도합니다.
    └ 시장에는 늘 <u>물건</u>을 사려는 사람들로 붐빕니다. □

다음 뜻에 알맞은 한자를 쓰시오. (12~15)

12
임금을 섬기어 벼슬하는 사람.
(                    )

13
외따로 떨어져 있는 섬.
(                    )

14
말다툼.
(                    )

15
병을 앓는 사람.
(                    )

다음 음에 알맞은 한자를 오른쪽에서 찾아 ○표 하시오. (16~18)

16  조  ············  落 操 養 勞

17  주  ············  週 臣 島 件

18  이  ············  爭 患 者 以

다음 한자의 독음을 쓰시오. (19~20)

19  歲月 (            ) : 흘러가는 시간.

20  鐵板 (            ) : 쇠를 얇게 펴서 만든 판.

# 급수 한자 익힘책

### 8·7급 대비 쓰기 연습장

# 쓰기 연습장

■ 나는 초등 학교 一學年(일 학년) 학생입니다.

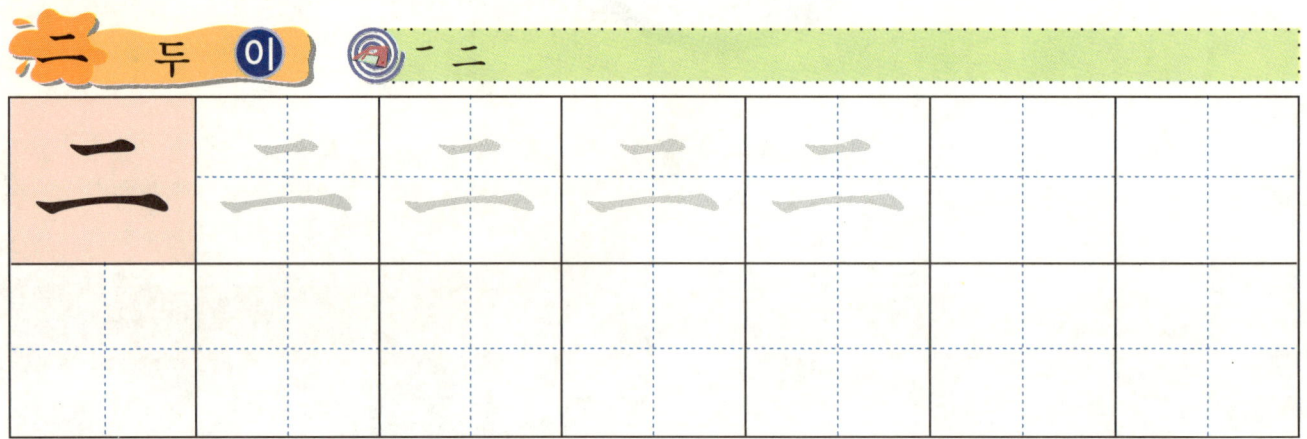
■ 우리 집은 二層(이 층)입니다.

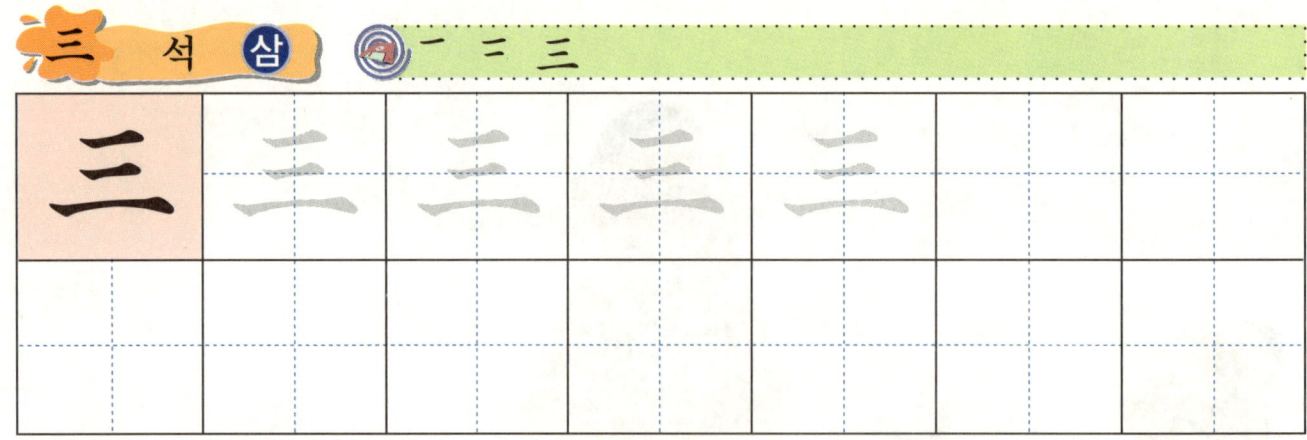
■ 삼각자는 三角形(삼각형)입니다.

■ 큰길의 四(사)거리는 복잡합니다.

■ 五月(오 월) 五日(오 일)은 어린이날입니다.

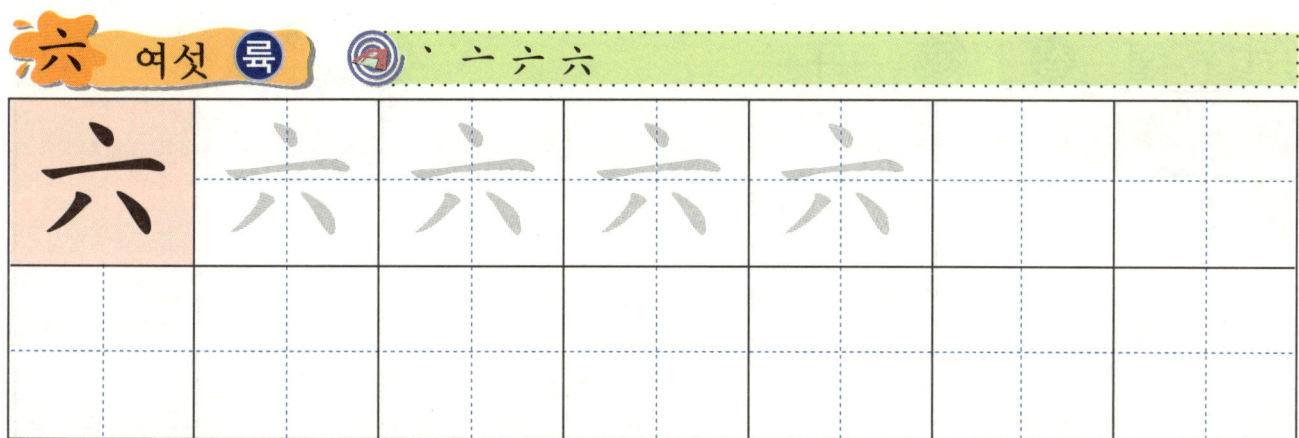

■ 할머니께서는 올해 六十(육십) 세가 되십니다.

■ 七月(칠 월) 七夕(칠석)은 견우와 직녀가 만나는 날입니다.

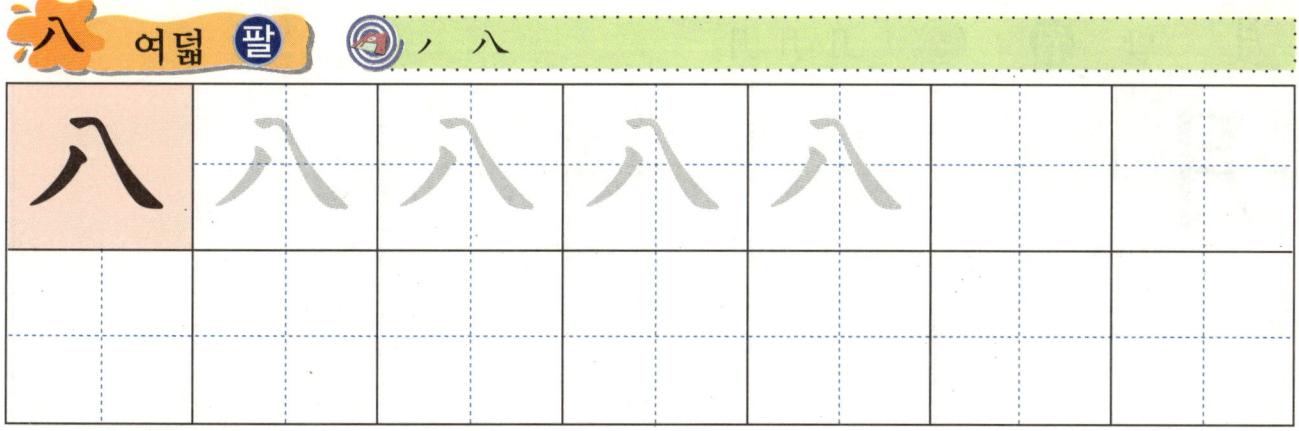

■ 할아버지의 걸음걸이는 八字(팔 자) 모양입니다.

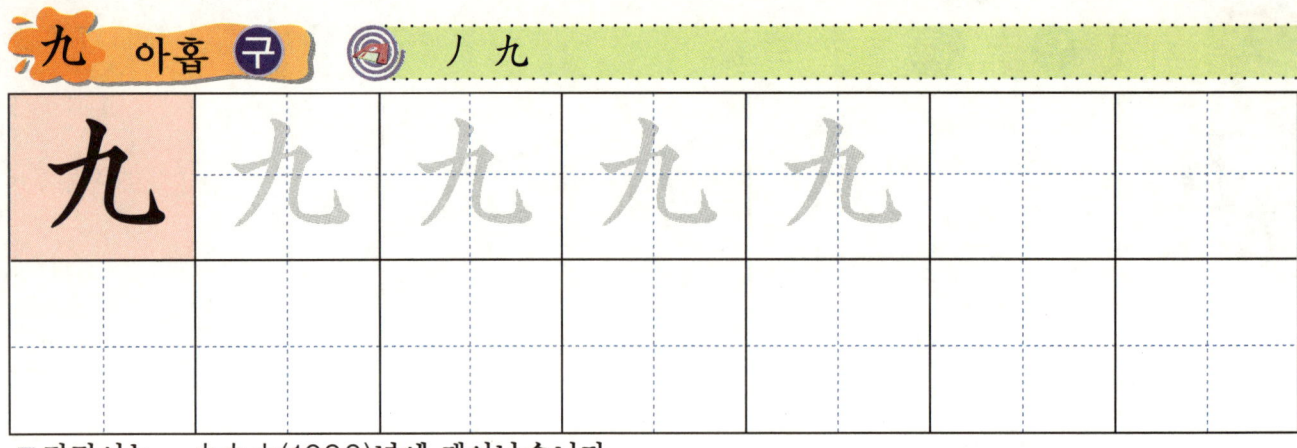
■ 지민이는 一九九六(1996)년에 태어났습니다.

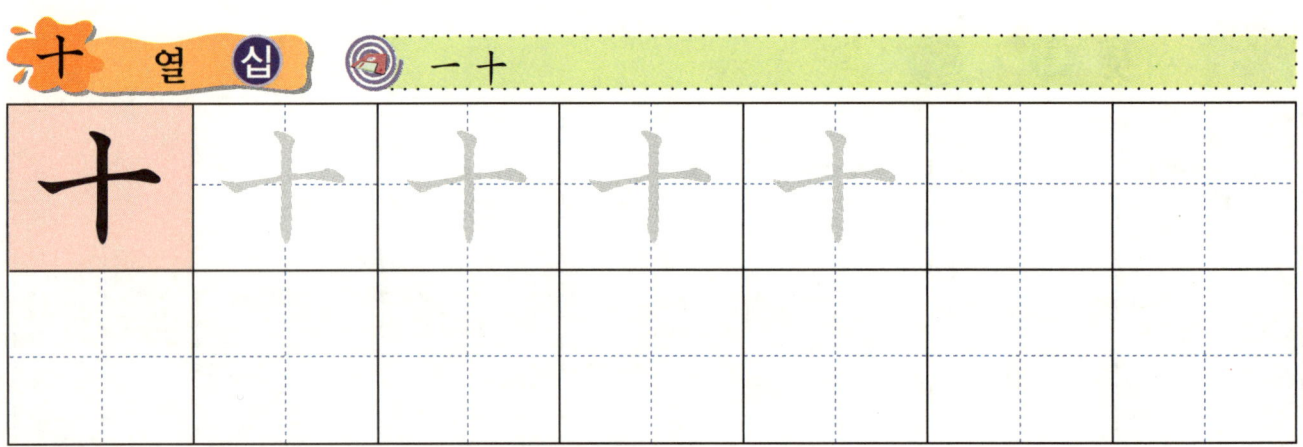
■ 十二月(십이 월)은 한 해의 마지막 달입니다.

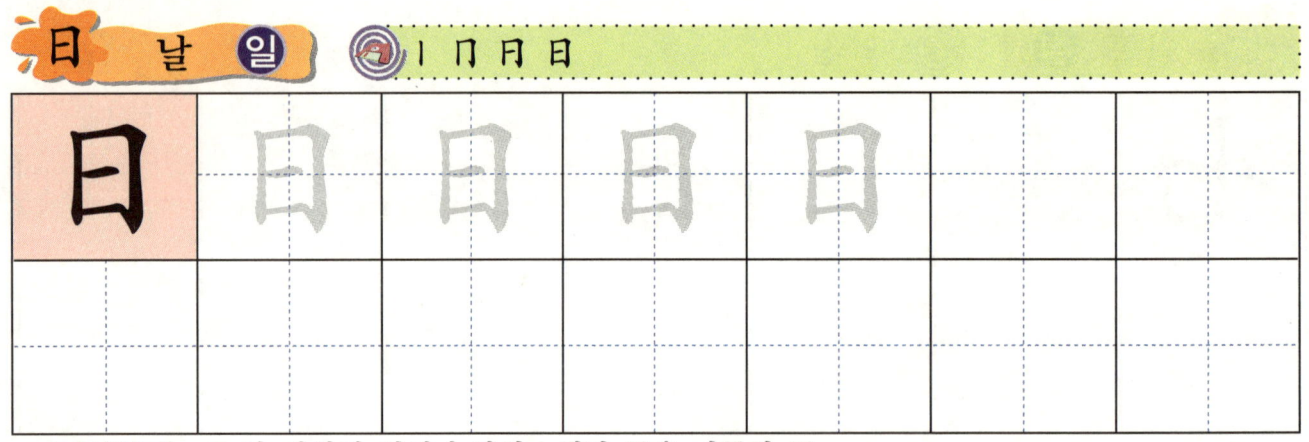
■ 日記(일기): 그 날 있었던 일이나 감상·생각 등을 기록한 글.

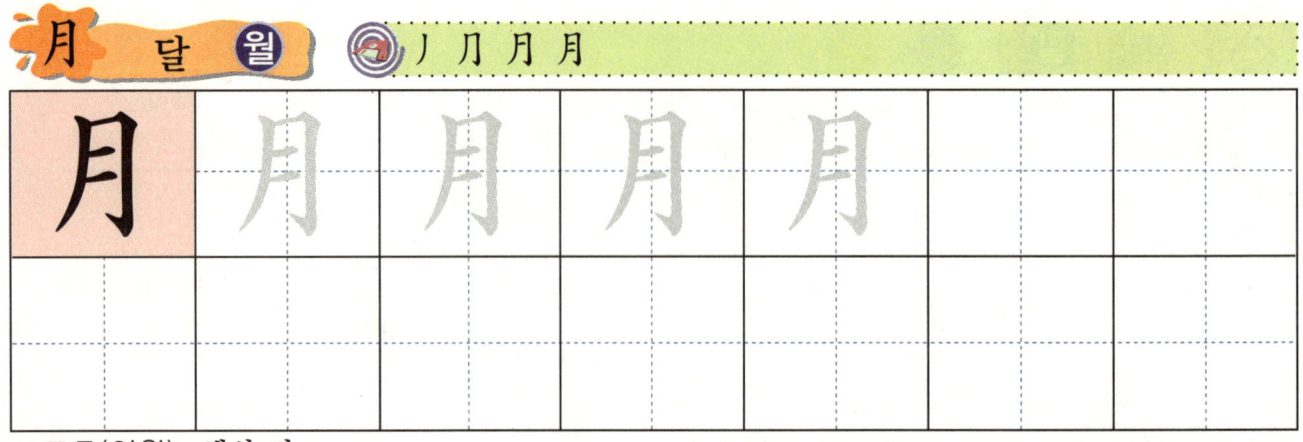
■ 日月(일월): 해와 달.

## 火 불 화

丶 丷 少 火

| | | | | | | |
|---|---|---|---|---|---|---|
| 火 | 火 | 火 | 火 | 火 | | |
| | | | | | | |

■火力(화력): 불의 힘.

## 水 물 수

亅 刁 氺 水

| | | | | | | |
|---|---|---|---|---|---|---|
| 水 | 水 | 水 | 水 | 水 | | |
| | | | | | | |

■水力(수력): 물의 힘.

## 木 나무 목

一 十 才 木

| | | | | | | |
|---|---|---|---|---|---|---|
| 木 | 木 | 木 | 木 | 木 | | |
| | | | | | | |

■木石(목석): 나무와 돌.

## 金 쇠 금

丿 人 亼 亼 仐 佘 佘 金

| | | | | | | |
|---|---|---|---|---|---|---|
| 金 | 金 | 金 | 金 | 金 | | |
| | | | | | | |

■金言(금언): 생활에 도움이 되는 뜻있는 말.

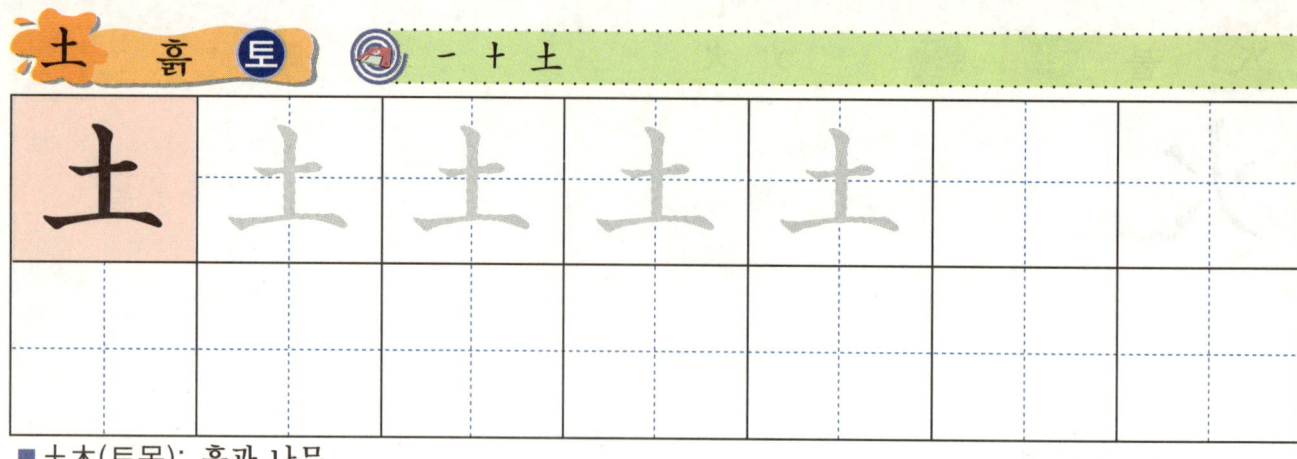

■ 土木(토목): 흙과 나무.

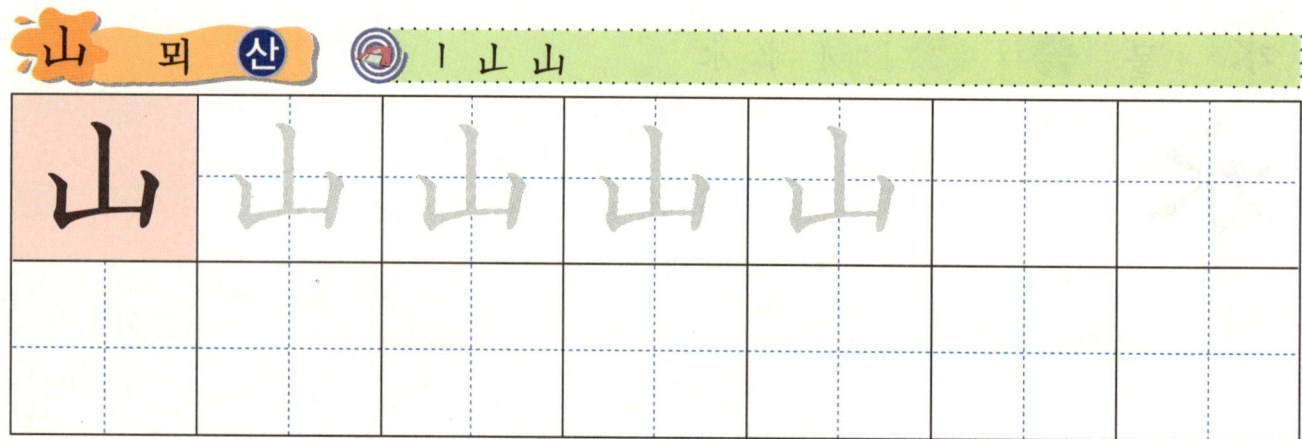

■ 山林(산림): 산과 숲. 산에 있는 숲.

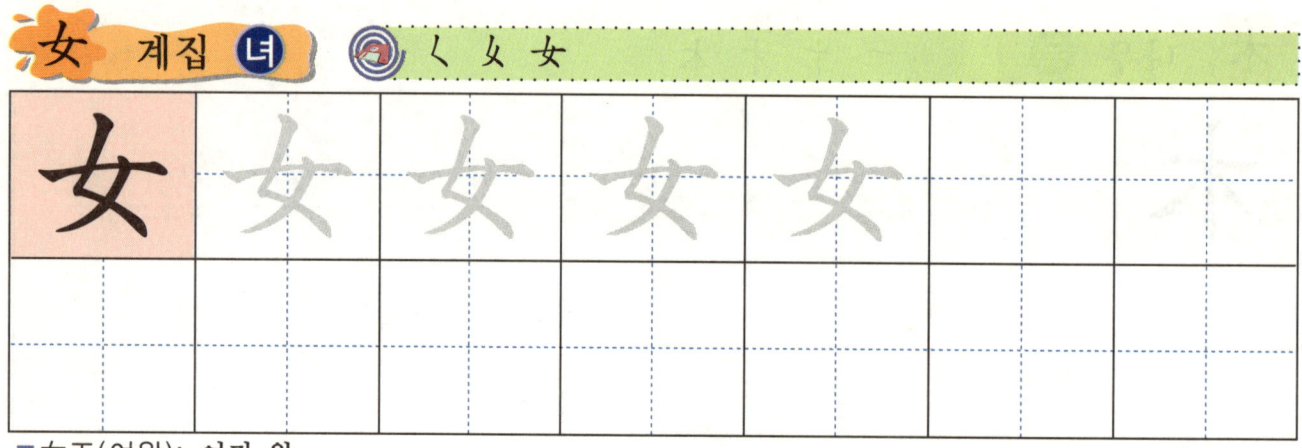

■ 女王(여왕): 여자 왕.

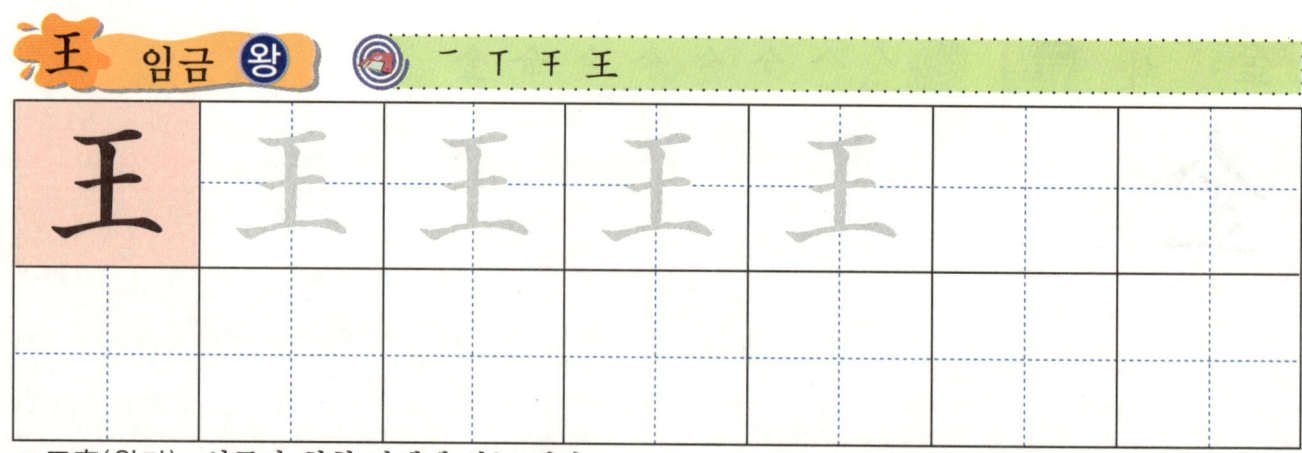

■ 王家(왕가): 임금과 친척 관계에 있는 집안.

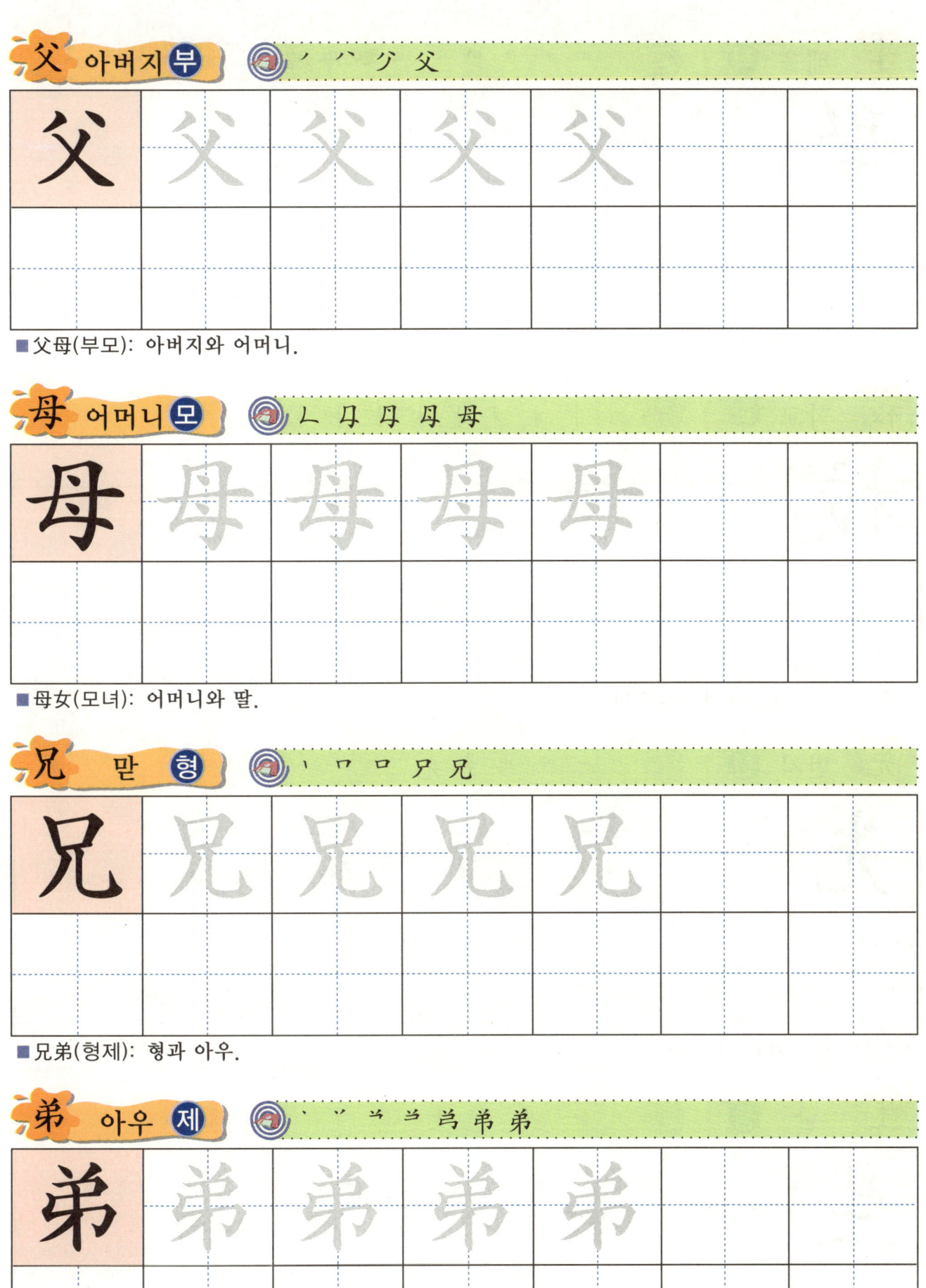

■ 父母(부모): 아버지와 어머니.

■ 母女(모녀): 어머니와 딸.

■ 兄弟(형제): 형과 아우.

■ 弟子(제자): 가르침을 받는 사람.

■ 學力(학력): 배움의 정도.

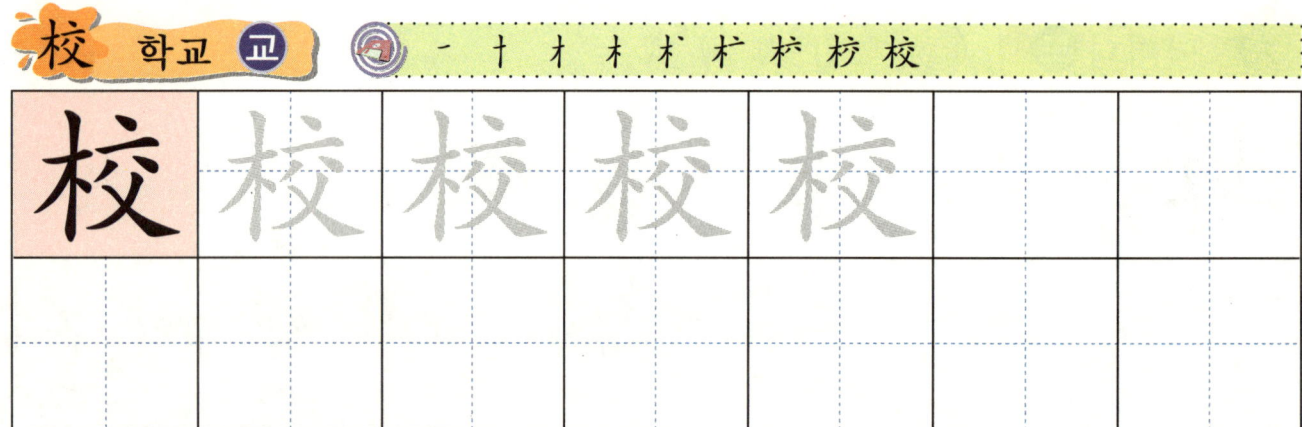

■ 學校(학교): 모여서 배우고 익히는 곳.

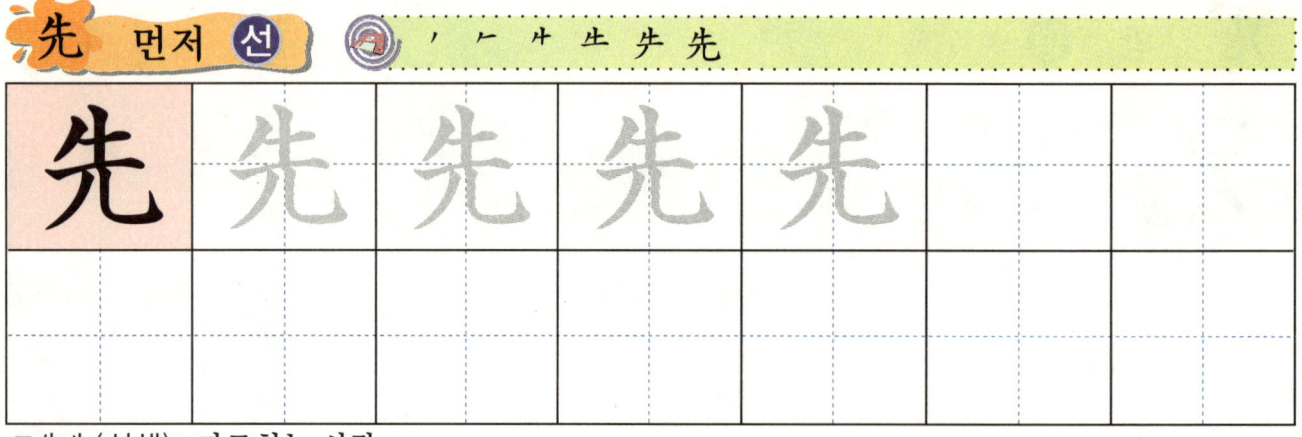

■ 先生(선생): 가르치는 사람.

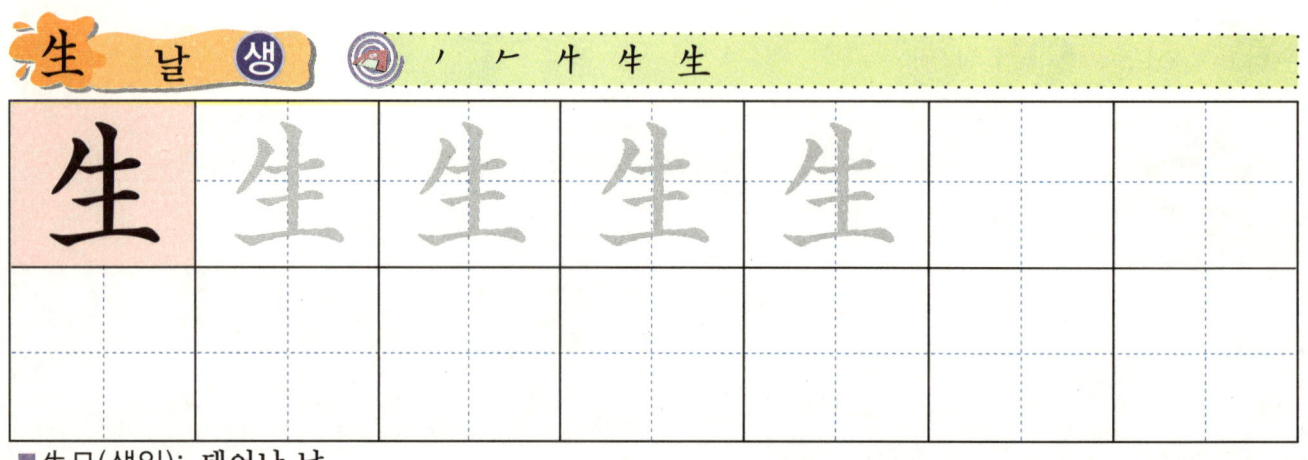

■ 生日(생일): 태어난 날.

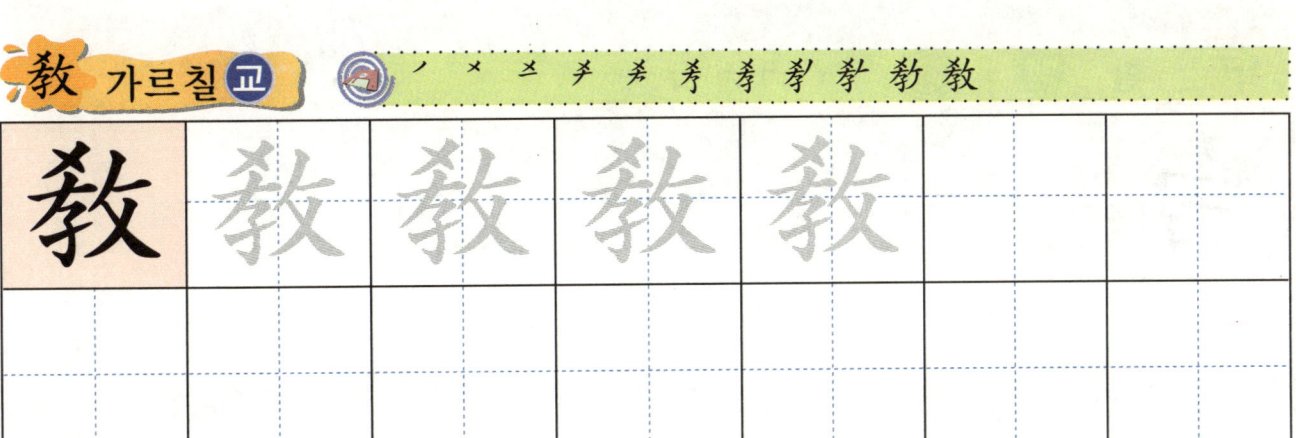

■敎室(교실): 학교에서 공부를 하는 방.

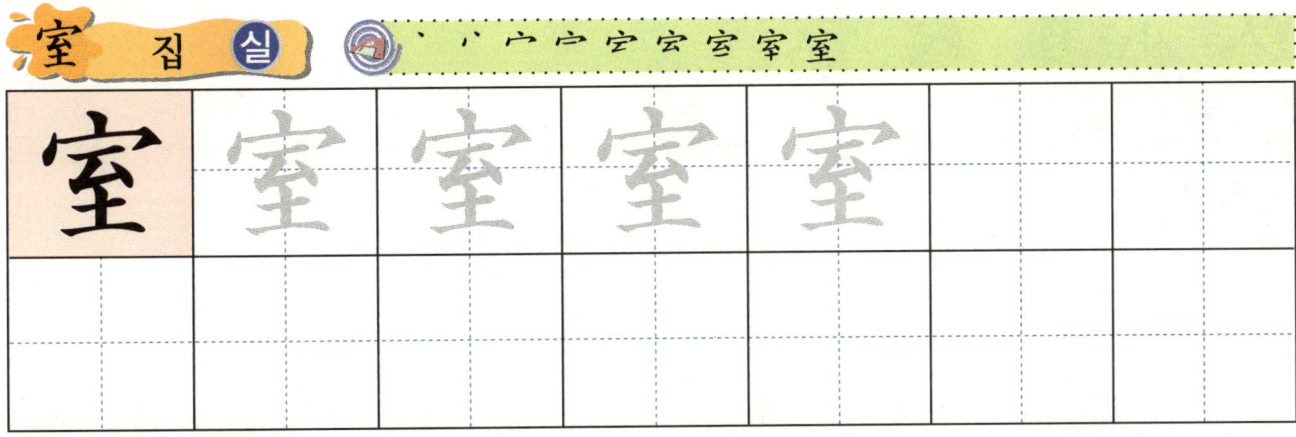

■室內(실내): 방의 안.

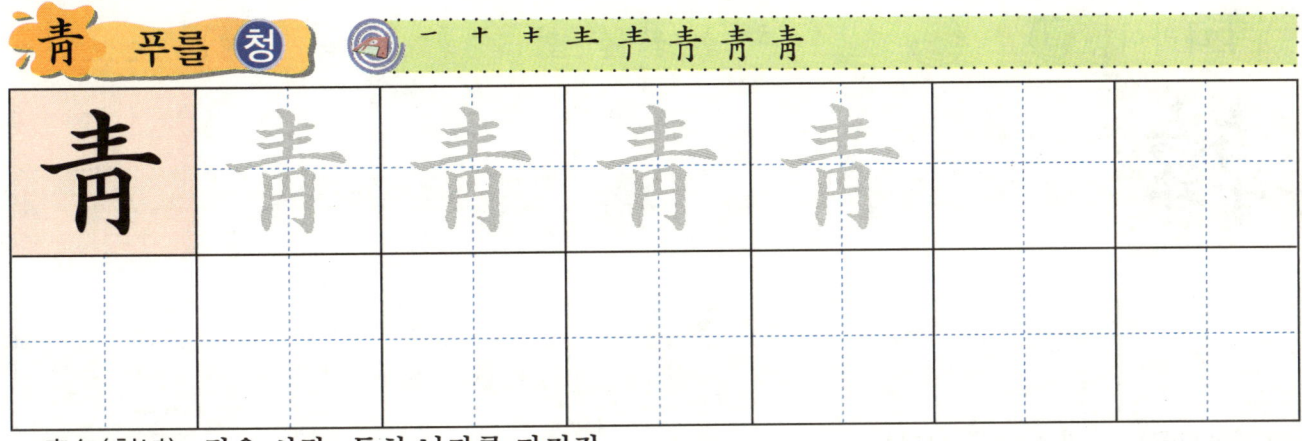

■靑年(청년): 젊은 사람. 특히 남자를 가리킴.

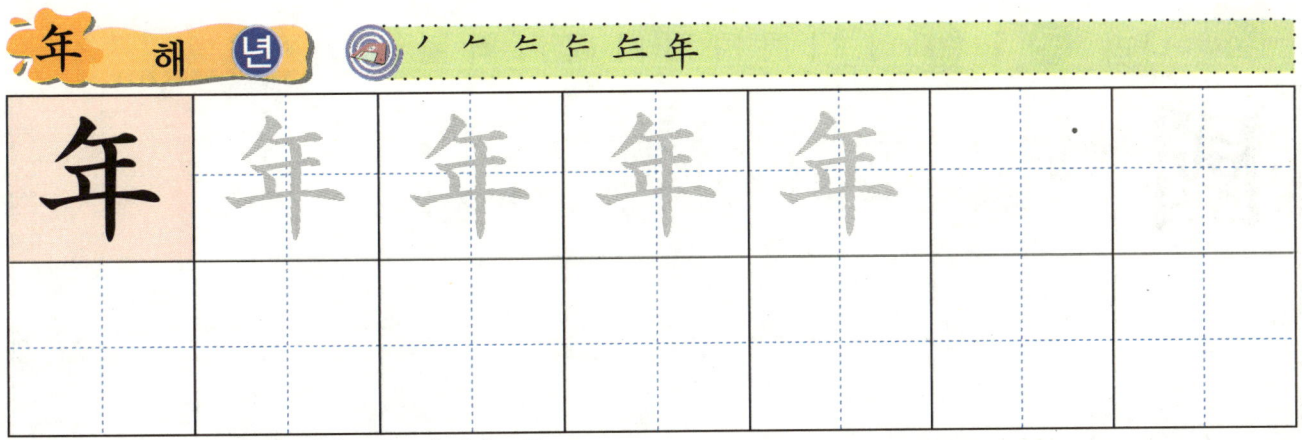

■來年(내년): 올해의 다음 해. 다가올 해.

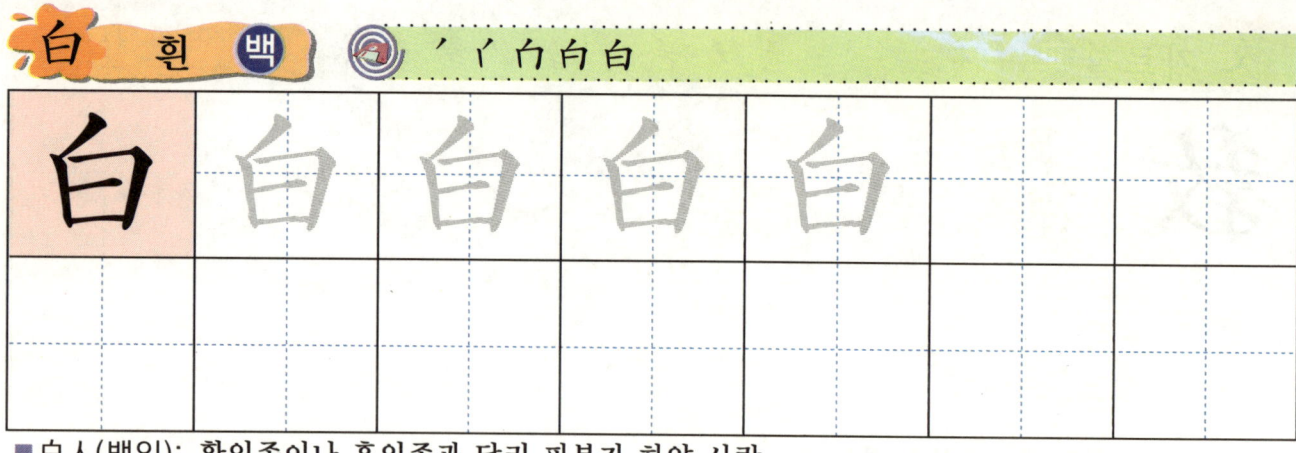

■ 白人(백인): 황인종이나 흑인종과 달리 피부가 하얀 사람.

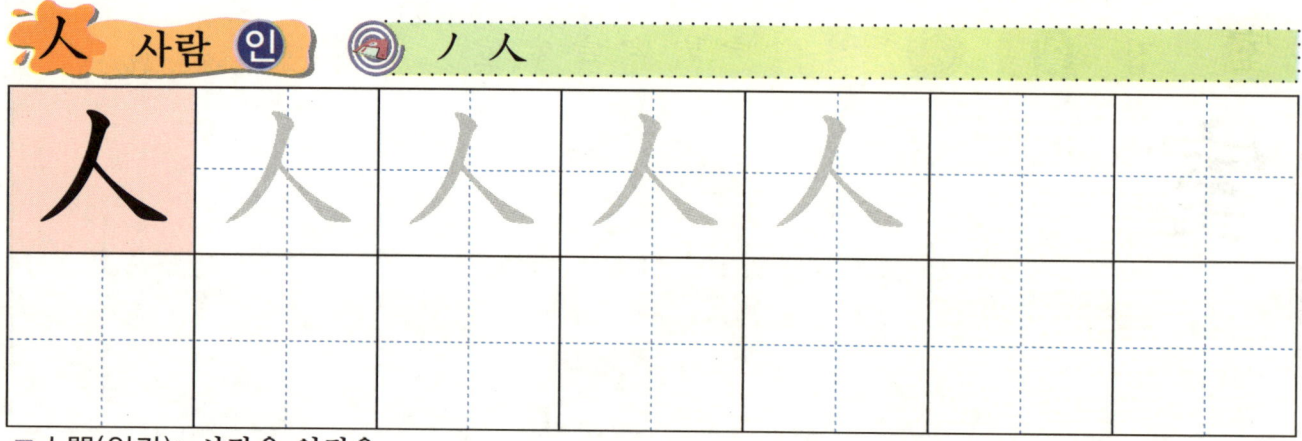

■ 人間(인간): 사람을 일컬음.

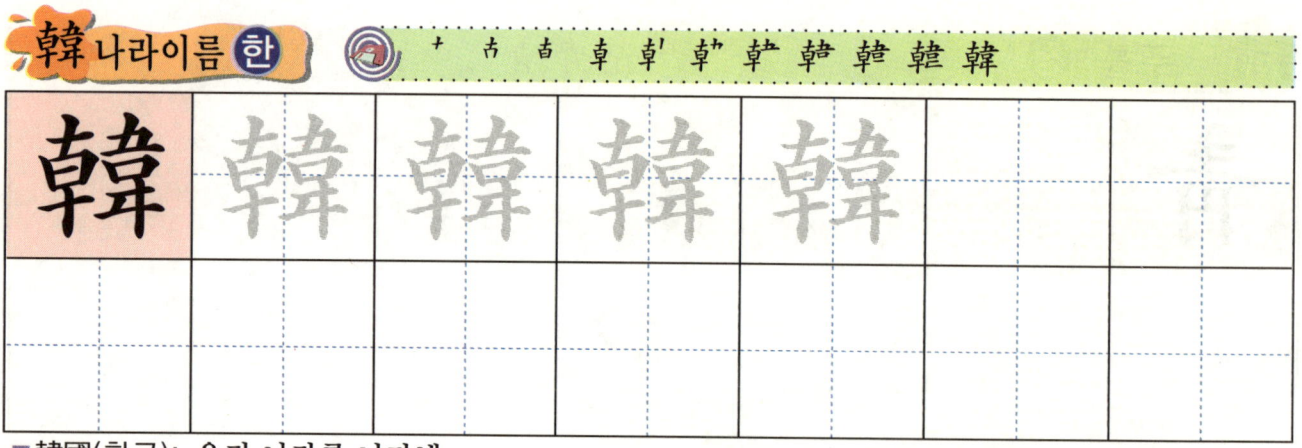

■ 韓國(한국): 우리 나라를 나타냄.

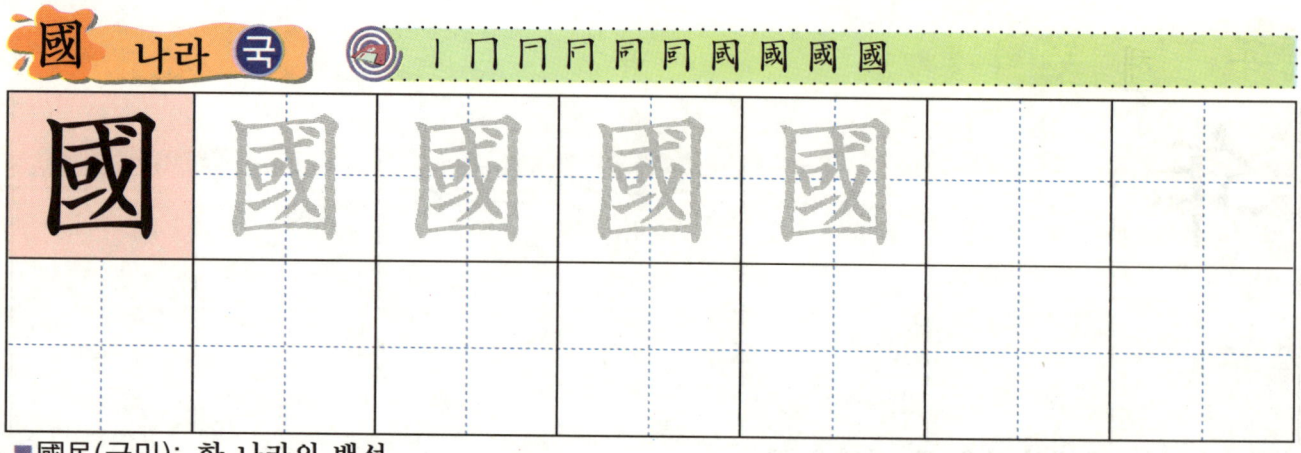

■ 國民(국민): 한 나라의 백성.

■ 軍人(군인): 군대에 몸이 딸린 장교와 사병.

■ 民生(민생): 일반 사람들의 생활.

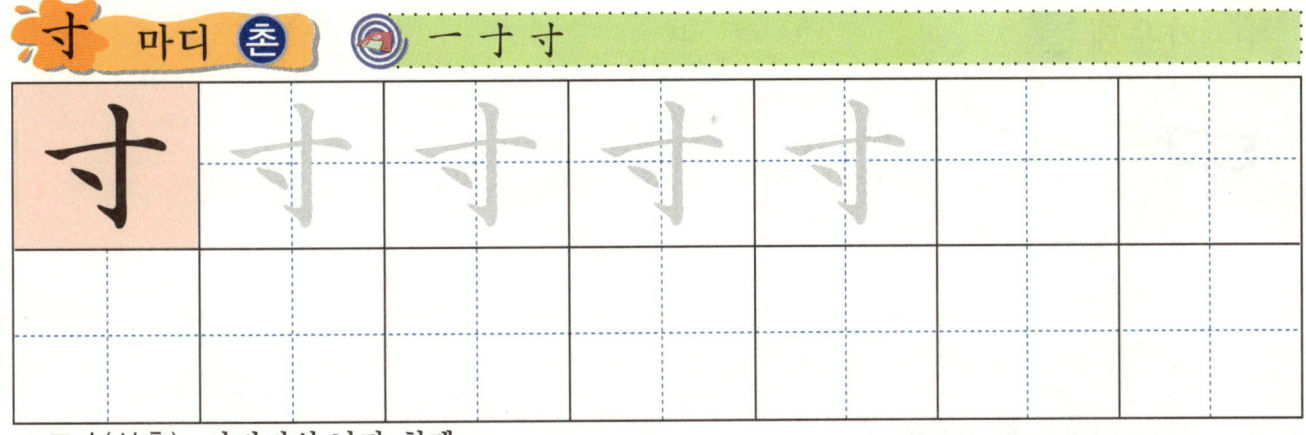
■ 三寸(삼촌): 아버지의 남자 형제.

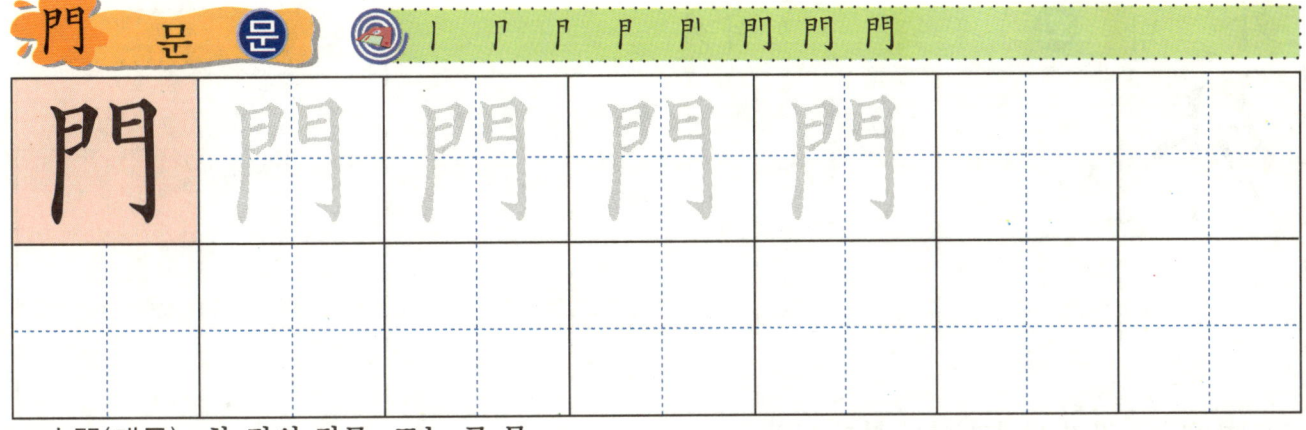
■ 大門(대문): 한 집의 정문. 또는 큰 문.

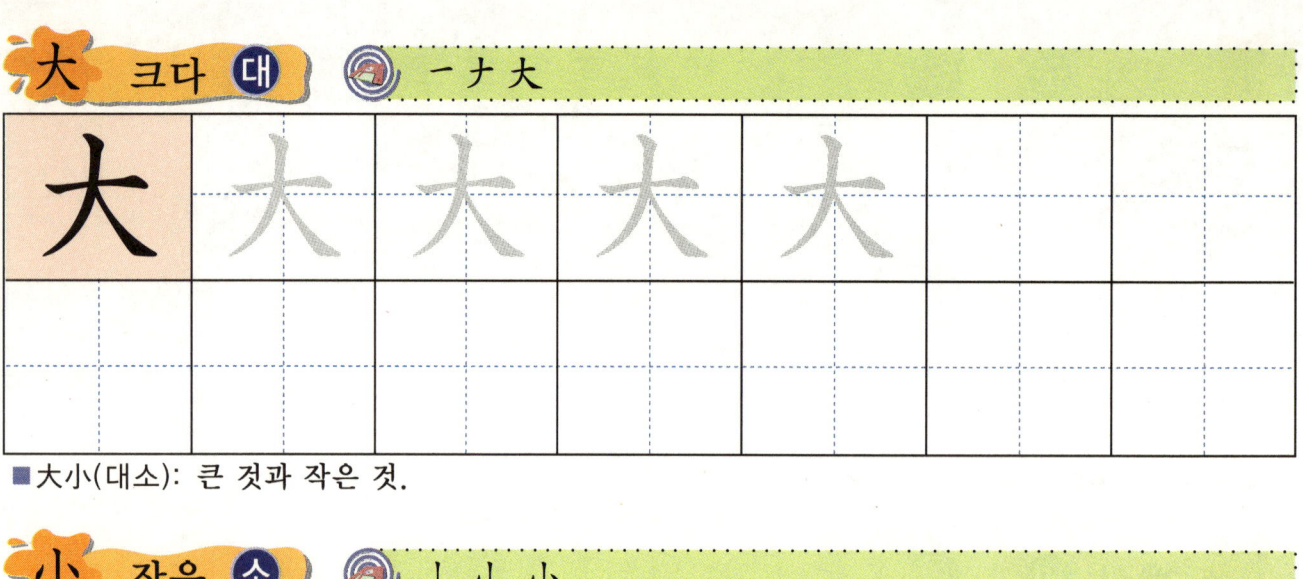
■ 大小(대소): 큰 것과 작은 것.

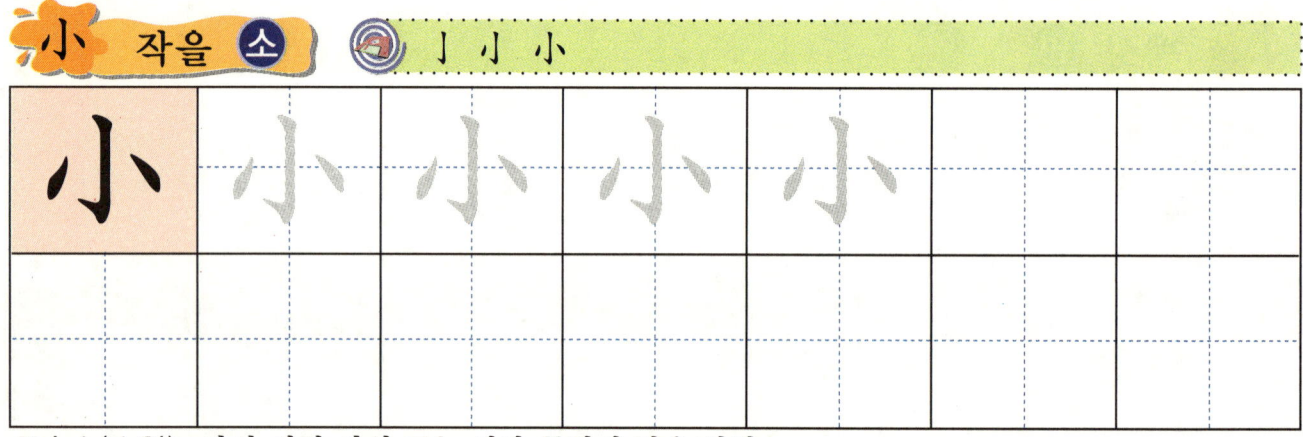
■ 小人(소인): 나이 어린 아이 또는 키나 몸집이 작은 사람.

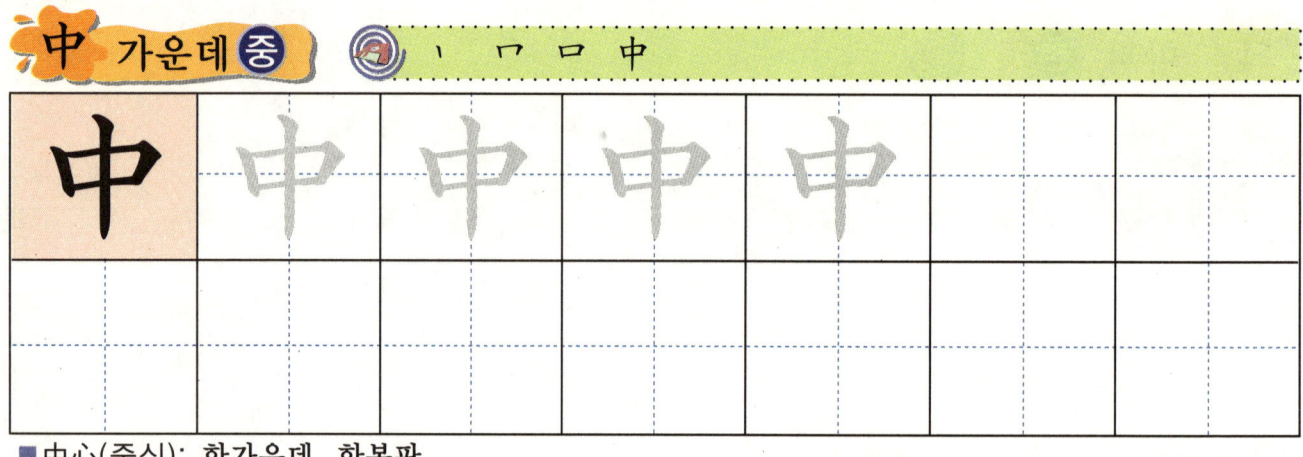
■ 中心(중심): 한가운데. 한복판.

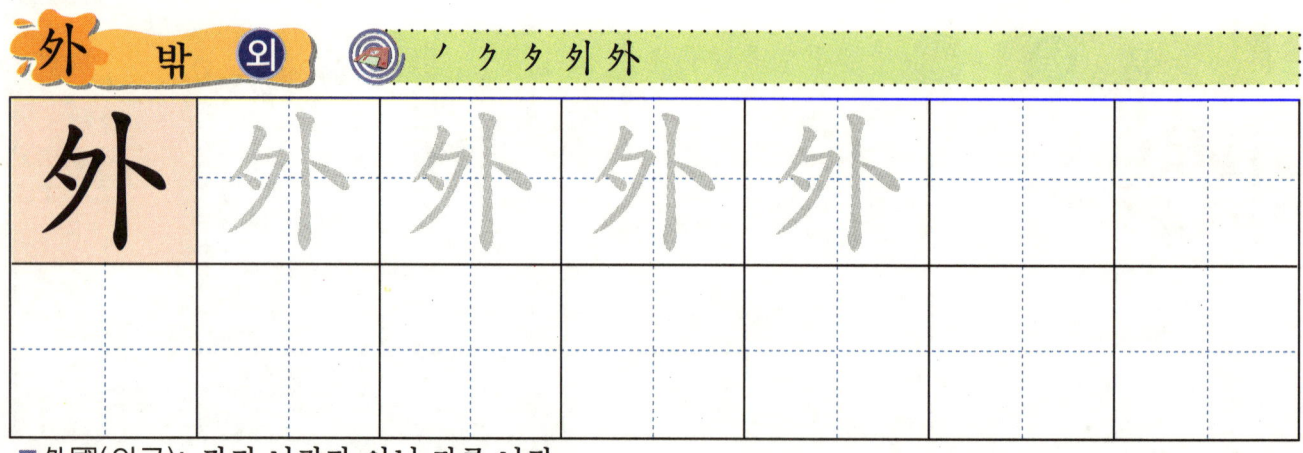
■ 外國(외국): 자기 나라가 아닌 다른 나라.

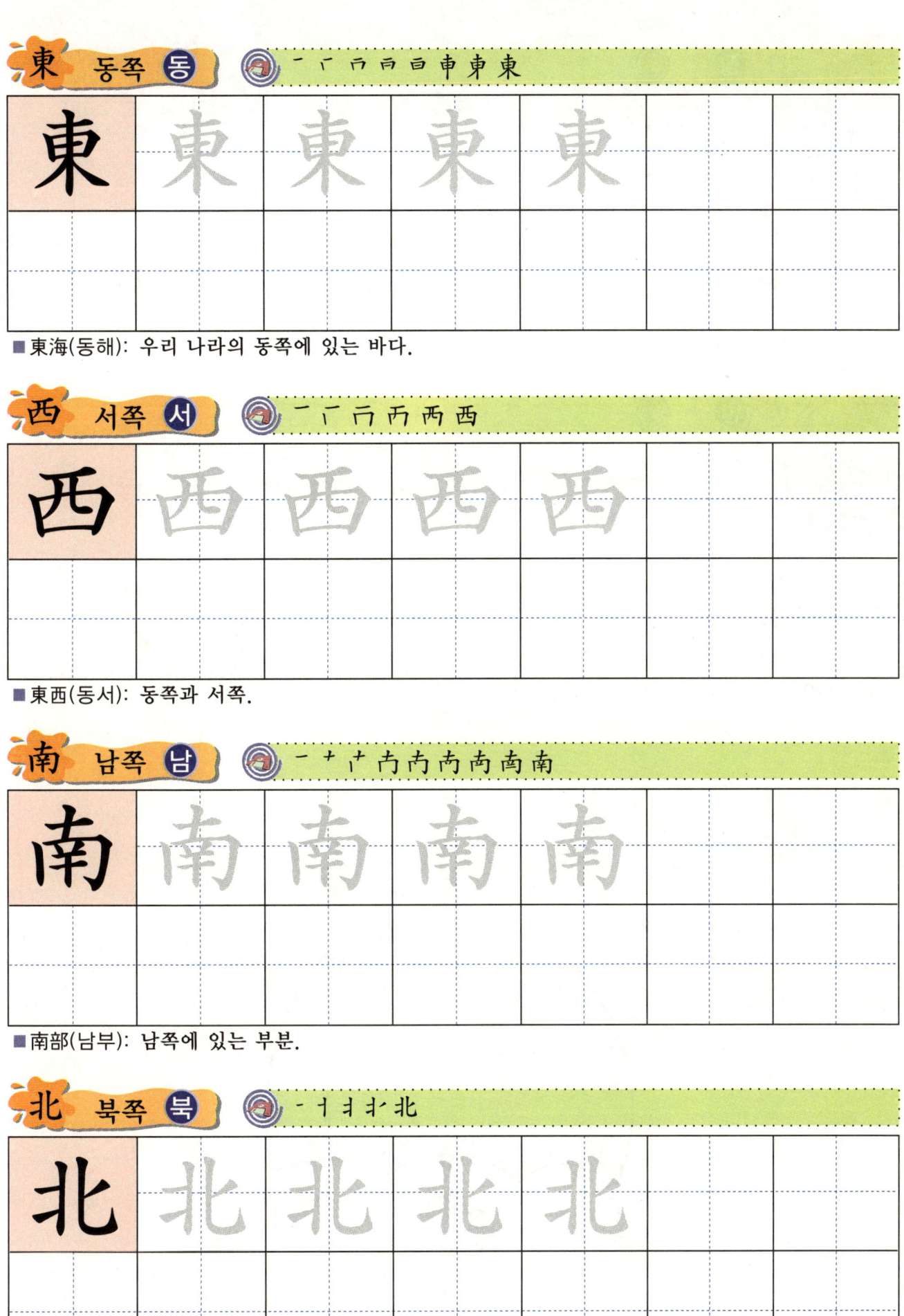

■ 東海(동해): 우리 나라의 동쪽에 있는 바다.

■ 東西(동서): 동쪽과 서쪽.

■ 南部(남부): 남쪽에 있는 부분.

■ 南北(남북): 남쪽과 북쪽.

■ 長短(장단): 길고 짧음.

■ 萬人(만인): 매우 많은 사람 또는 모든 사람들.

# 7. 쓰기 연습장

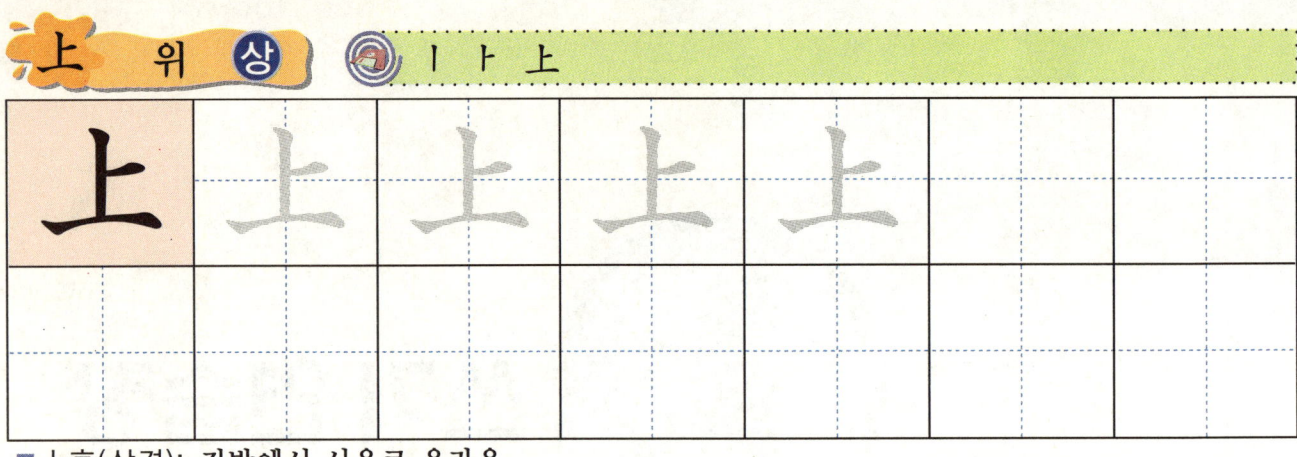
■ 上京(상경): 지방에서 서울로 올라옴.

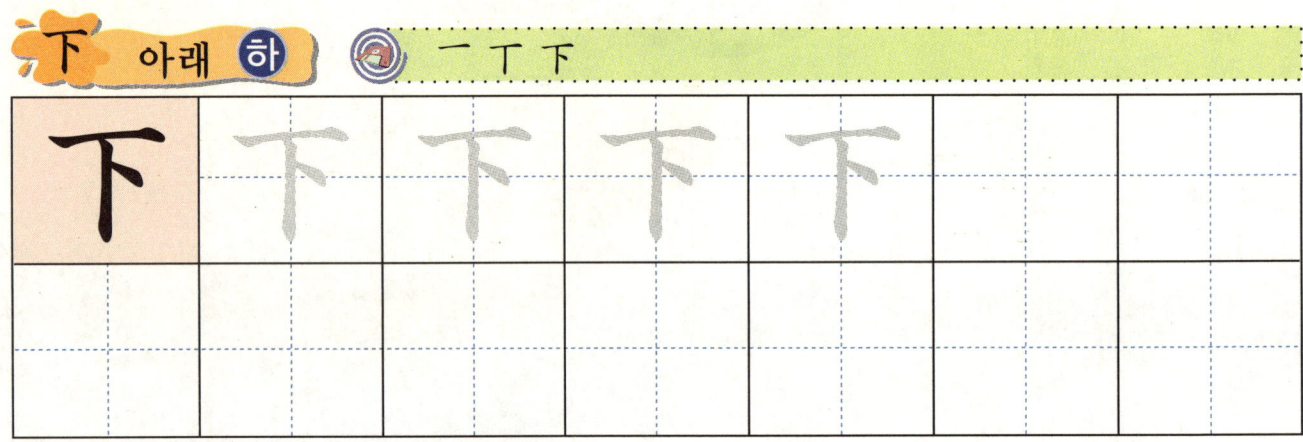
■ 上下(상하): 위와 아래. 또는 좋고 나쁨.

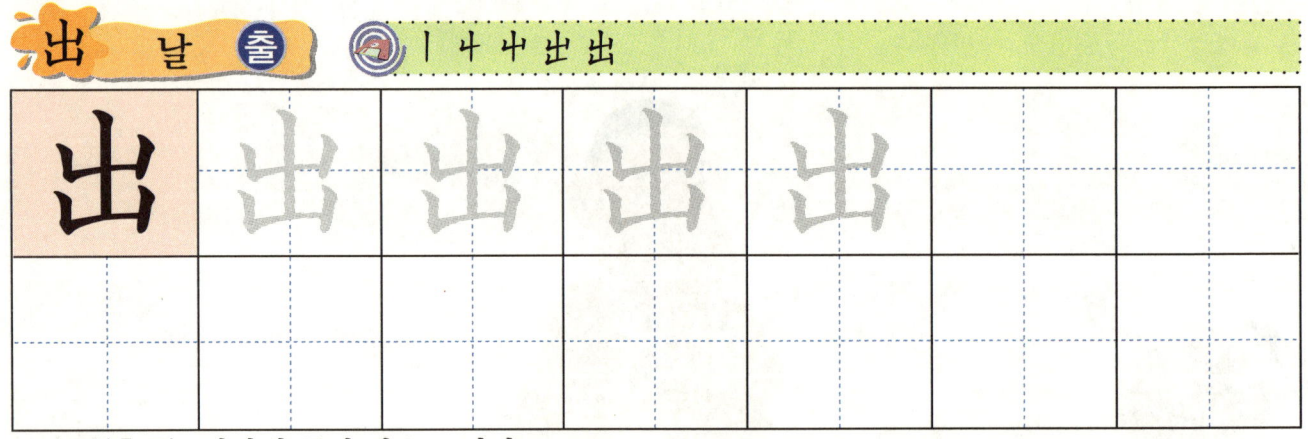
■ 出國(출국): 나라의 국경 밖으로 나감.

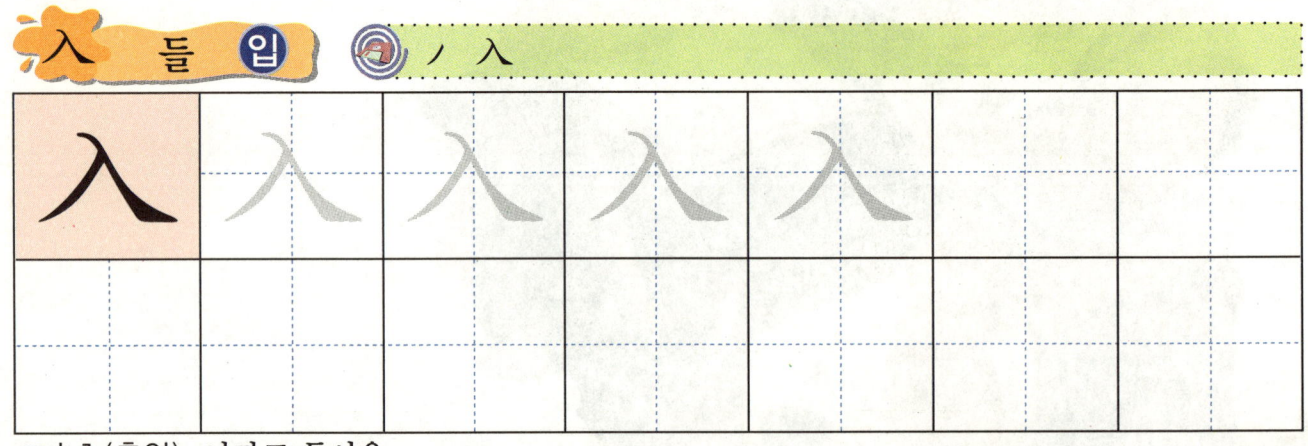
■ 出入(출입): 나가고 들어옴.

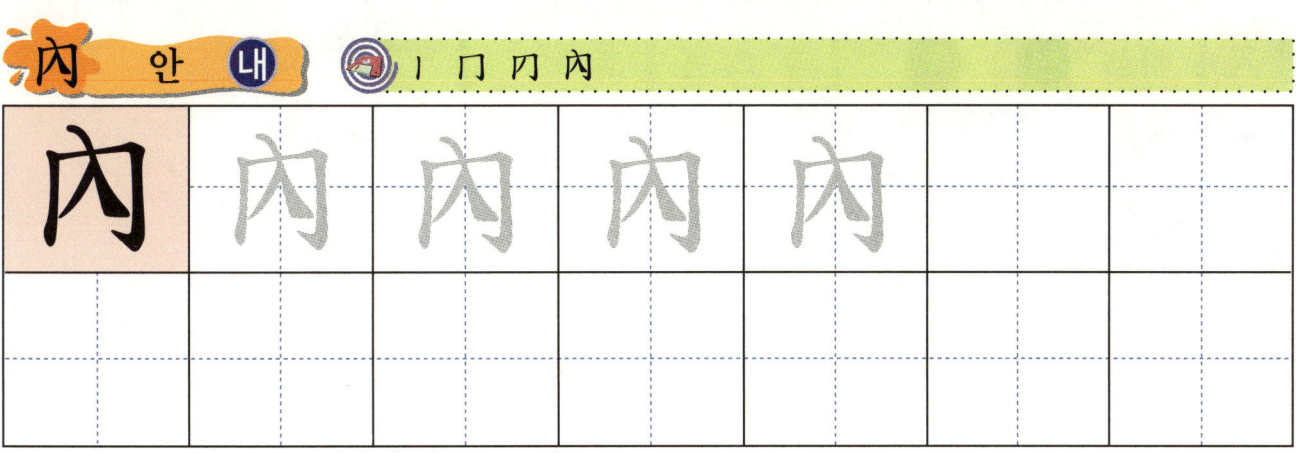

■ 內心(내심): 겉으로 드러나지 않는 속마음.

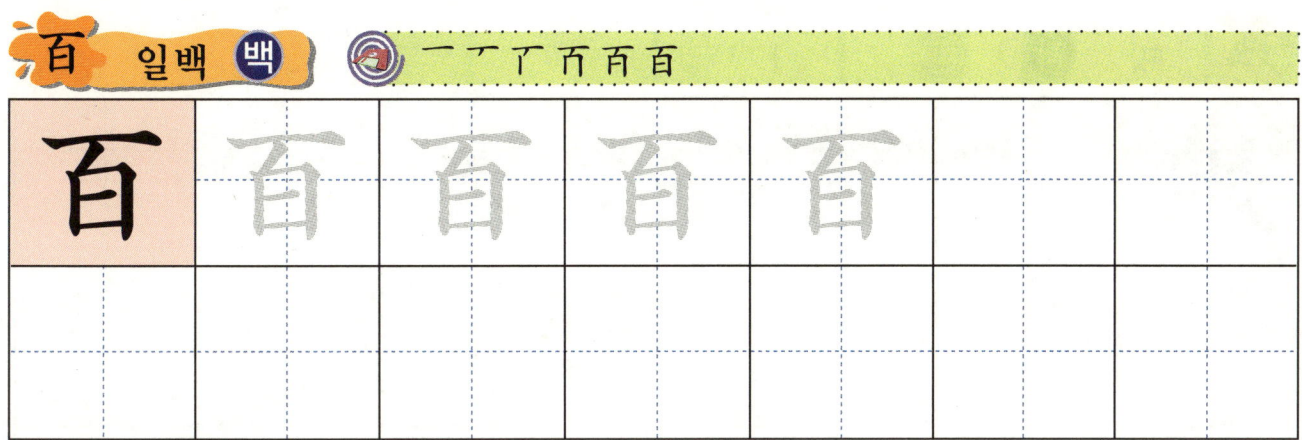

■ 百年(백 년): 일백 년, 또는 많은 해.

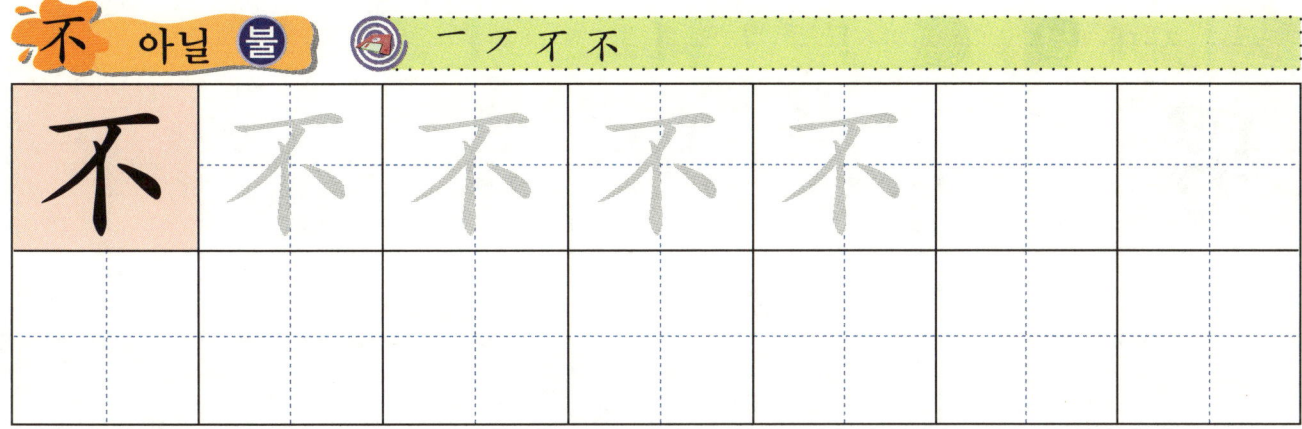

■ 不幸(불행): 행복하지 않음.

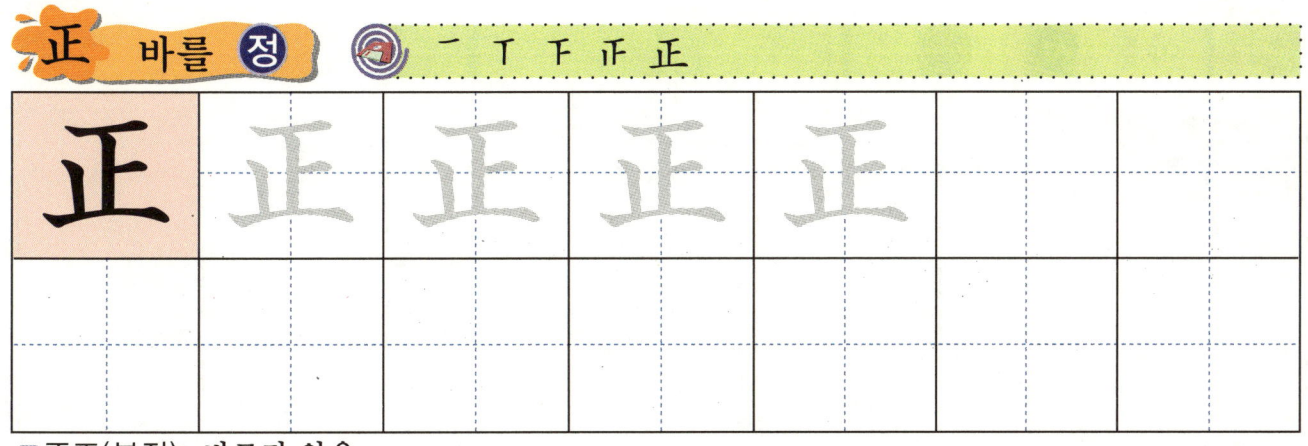

■ 不正(부정): 바르지 않음.

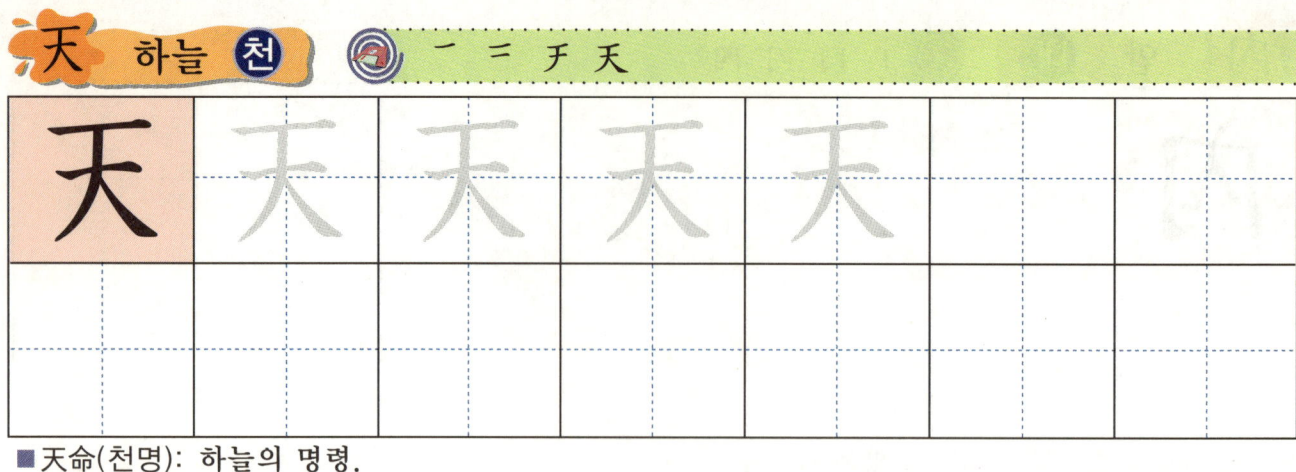

■ 天命(천명): 하늘의 명령.

■ 天地(천지): 하늘과 땅.

■ 男子(남자): 남성으로 태어난 사람. 사나이.

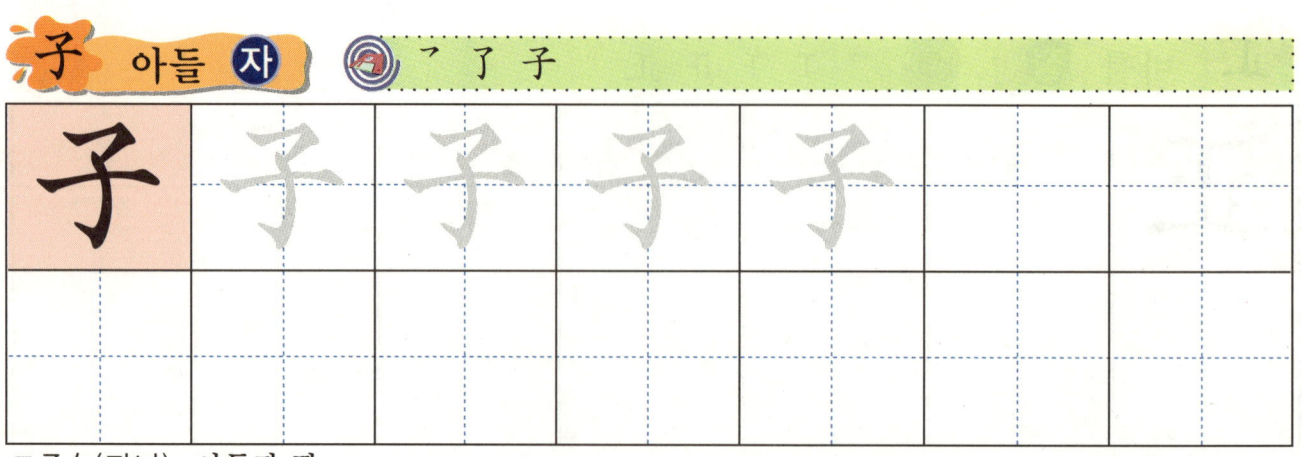

■ 子女(자녀): 아들과 딸.

■ 食口(식구): 한 집에서 같이 밥을 먹으며 사는 사람. 가족.

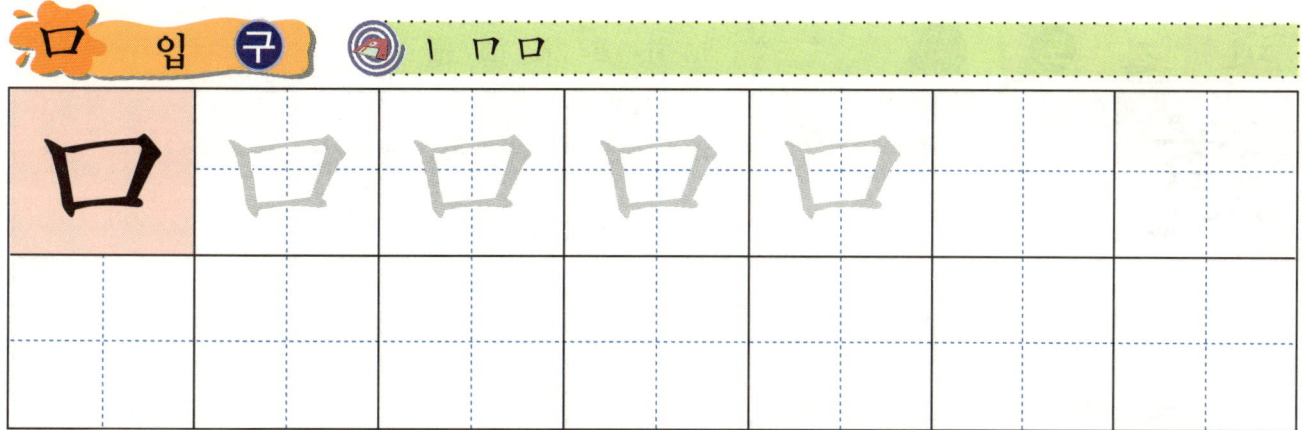

■ 口味(구미): 입맛

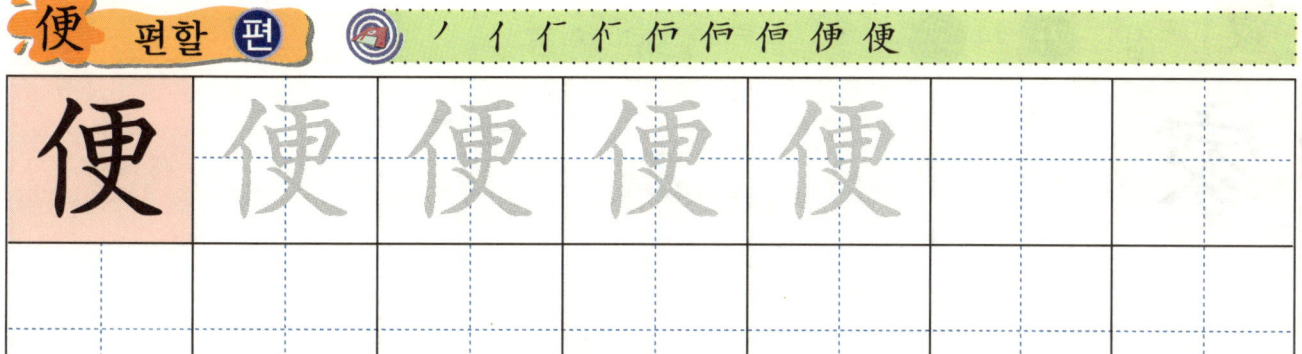

■ 便利(편리): 어떤 일을 하는 데 편하고 쉬움.

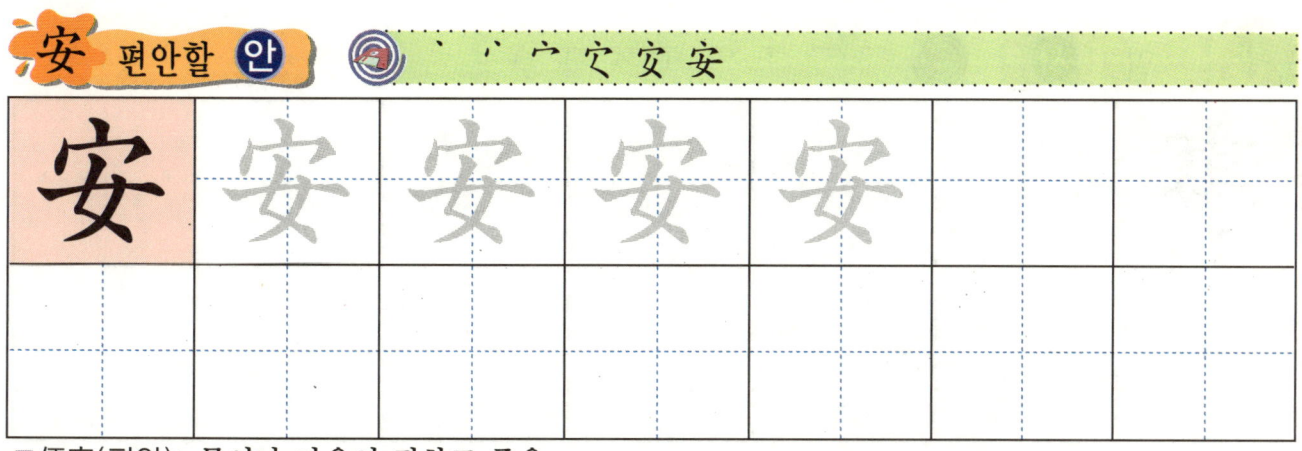

■ 便安(편안): 몸이나 마음이 편하고 좋음.

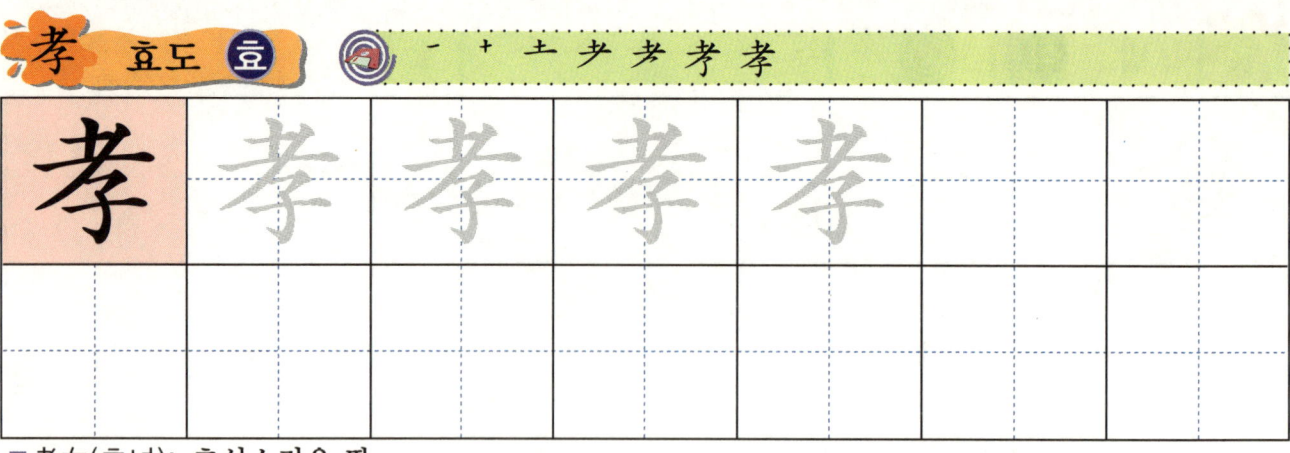

■ 孝女(효녀): 효성스러운 딸.

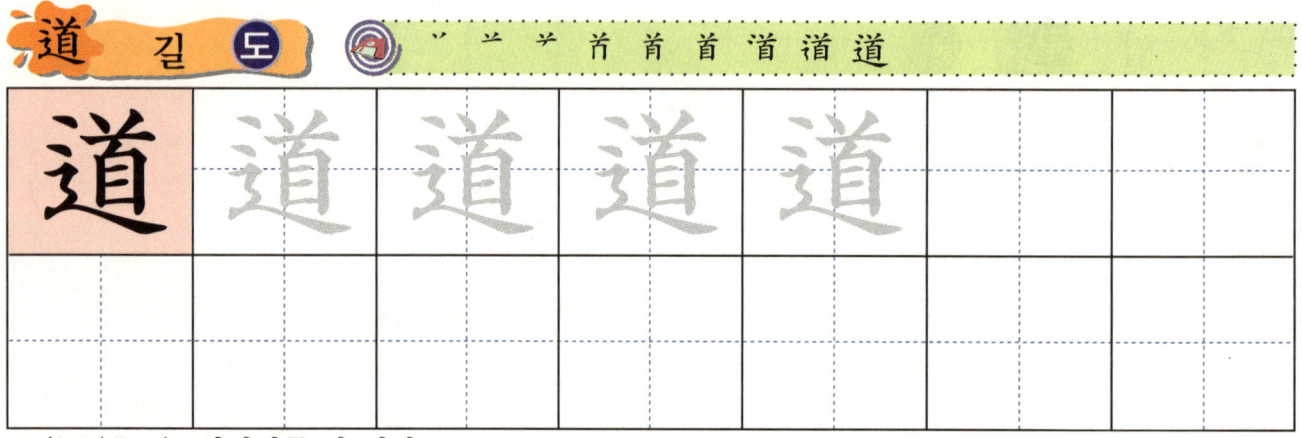

■ 孝道(효도): 어버이를 잘 섬김.

■ 家族(가족): 부부를 중심으로 한 집에서 함께 사는 사람들.

■ 家事(가사): 집안일.

■ 住民(주민): 어느 지역에 사는 사람들.

■ 住所(주소): 살고 있는 곳. 생활의 근거를 둔 곳.

■ 洞口(동구): 동네 어귀.

■ 洞里(동리): 마을.

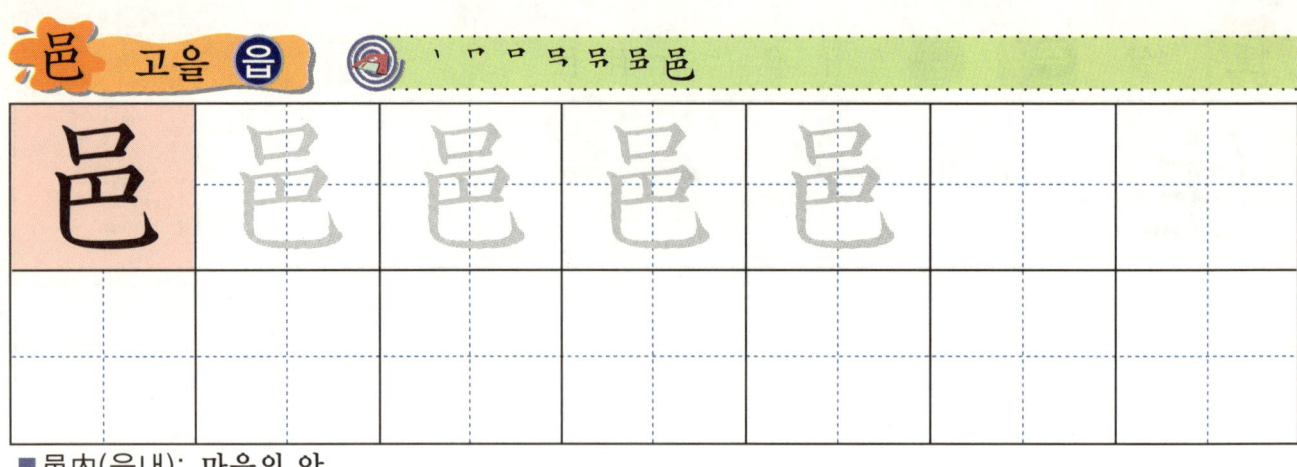
■ 邑內(읍내): 마을의 안.

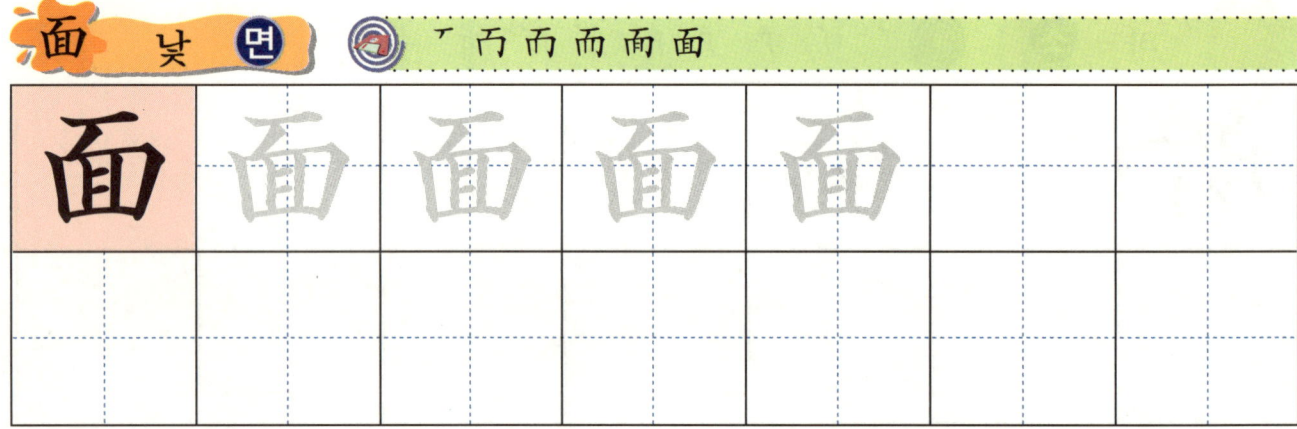
■ 地面(지면): 땅의 표면.

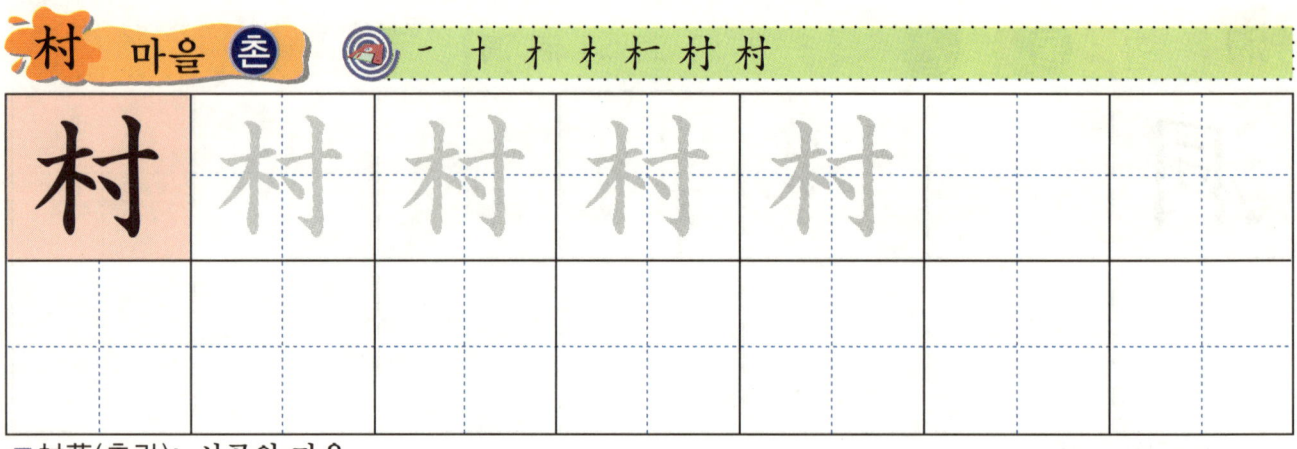
■ 村落(촌락): 시골의 마을.

■ 老人(노인): 늙은 사람.

■ 千年(천 년): 오랜 세월.

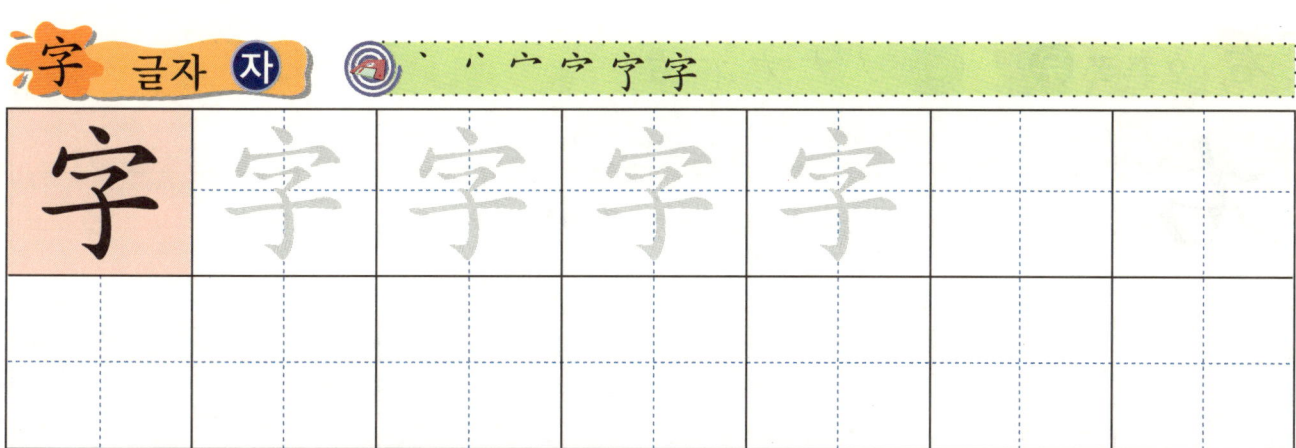
■ 千字文(천자문): 옛날, 한자를 처음 배우는 사람들이 쓰던 책.

■ 生前(생전): 살아 있는 동안.

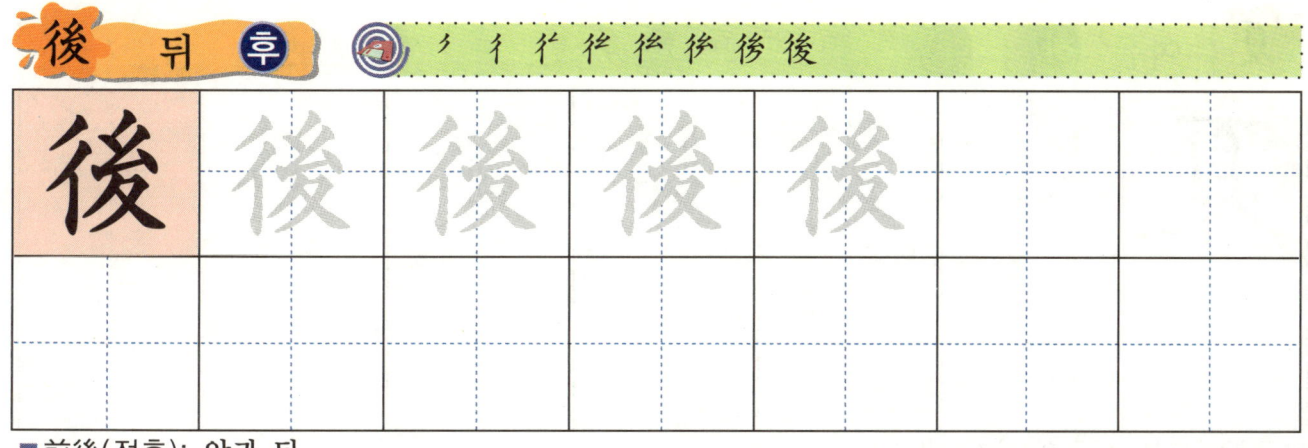
■ 前後(전후): 앞과 뒤.

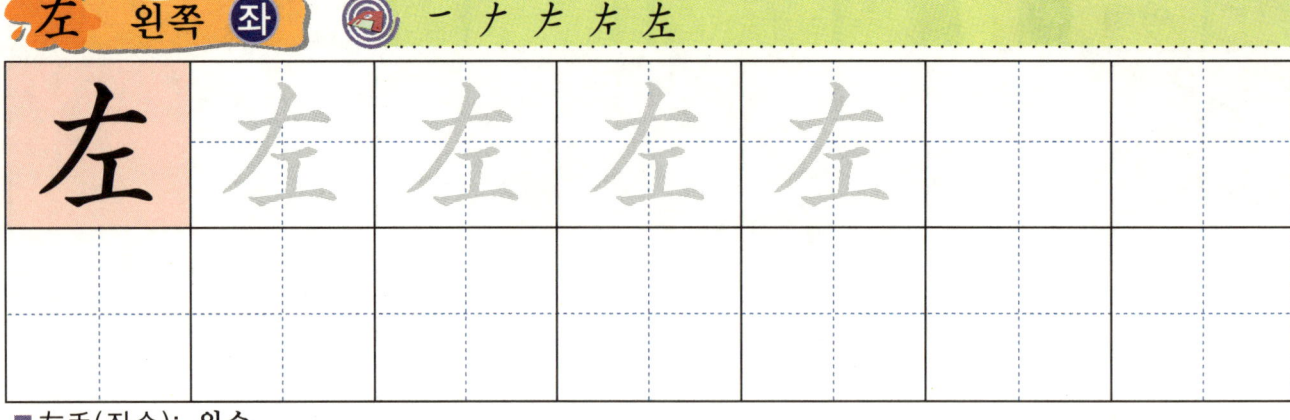
■ 左手(좌수): 왼손.

■ 左右(좌우): 왼쪽과 오른쪽.

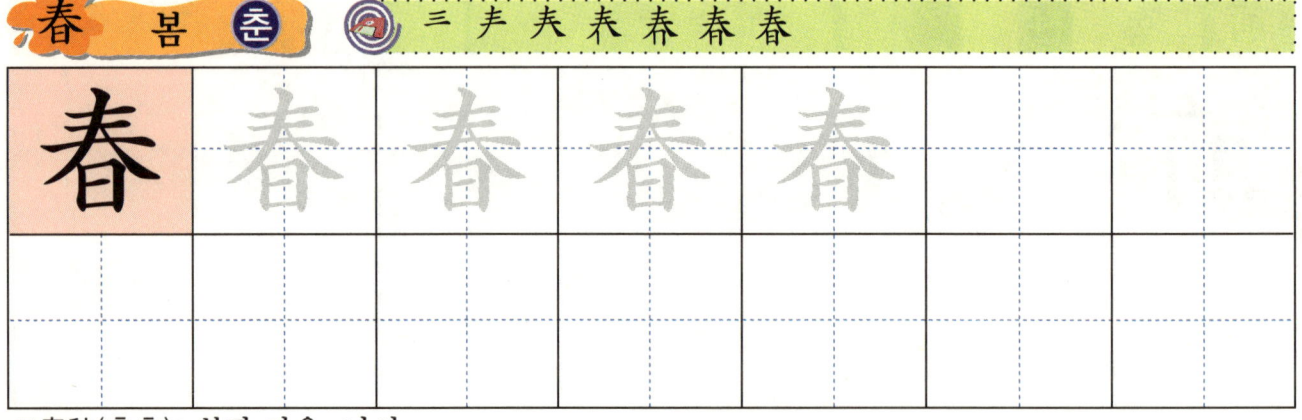
■ 春秋(춘추): 봄과 가을. 나이.

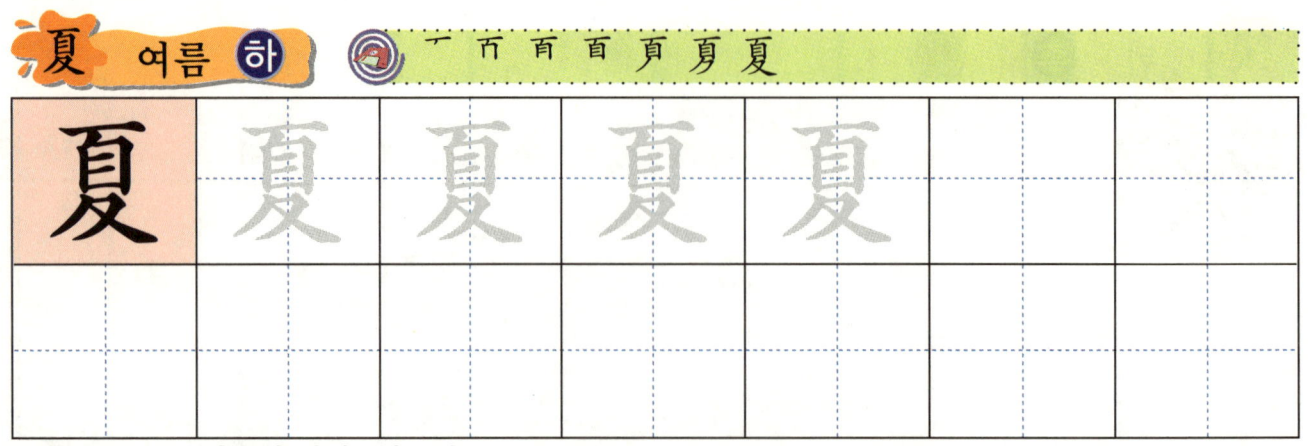
■ 夏期(하기): 여름의 시기. 여름철.

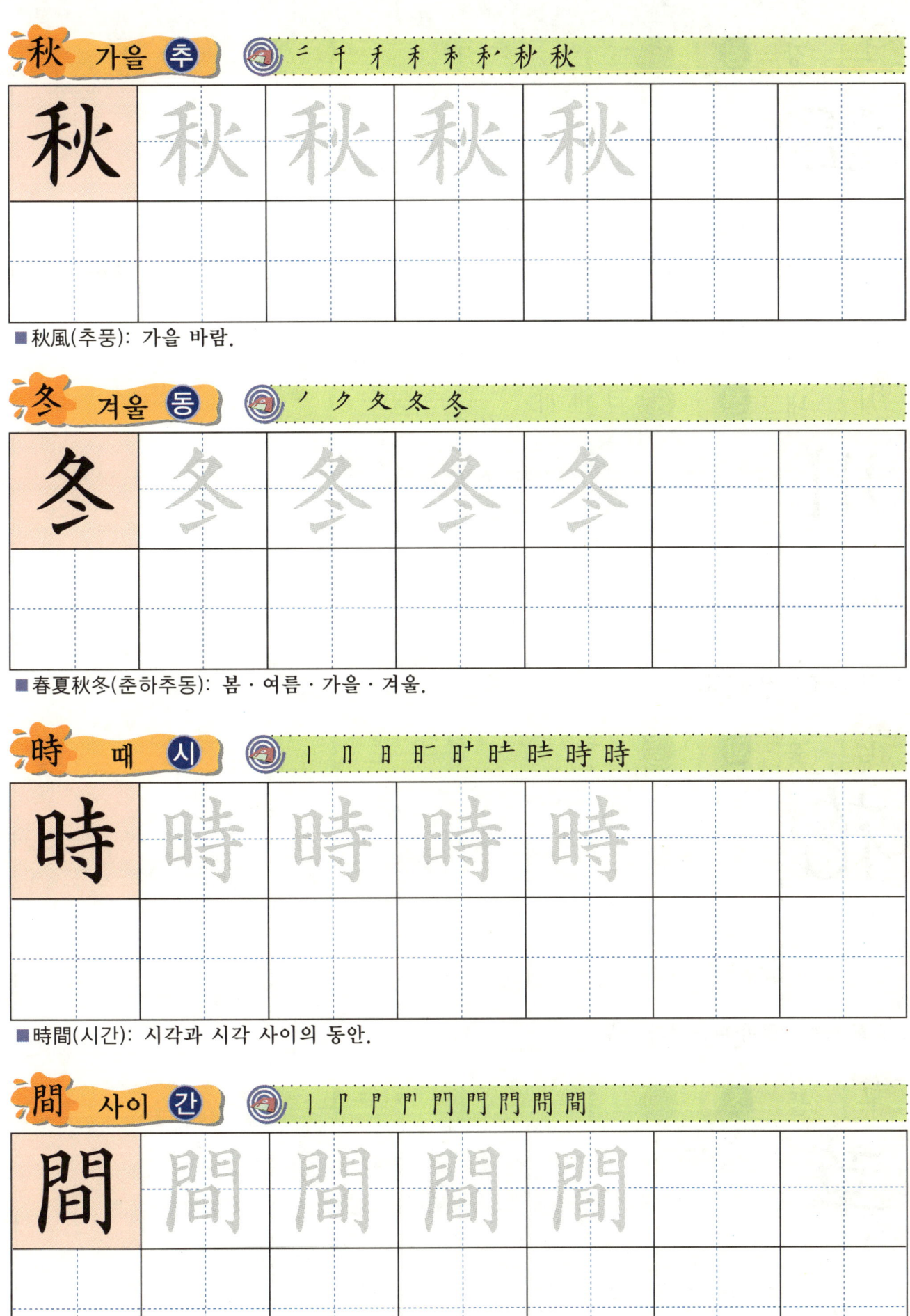

■ 秋風(추풍): 가을 바람.

■ 春夏秋冬(춘하추동): 봄·여름·가을·겨울.

■ 時間(시간): 시각과 시각 사이의 동안.

■ 間食(간식): 밥 외에 먹는 군음식.

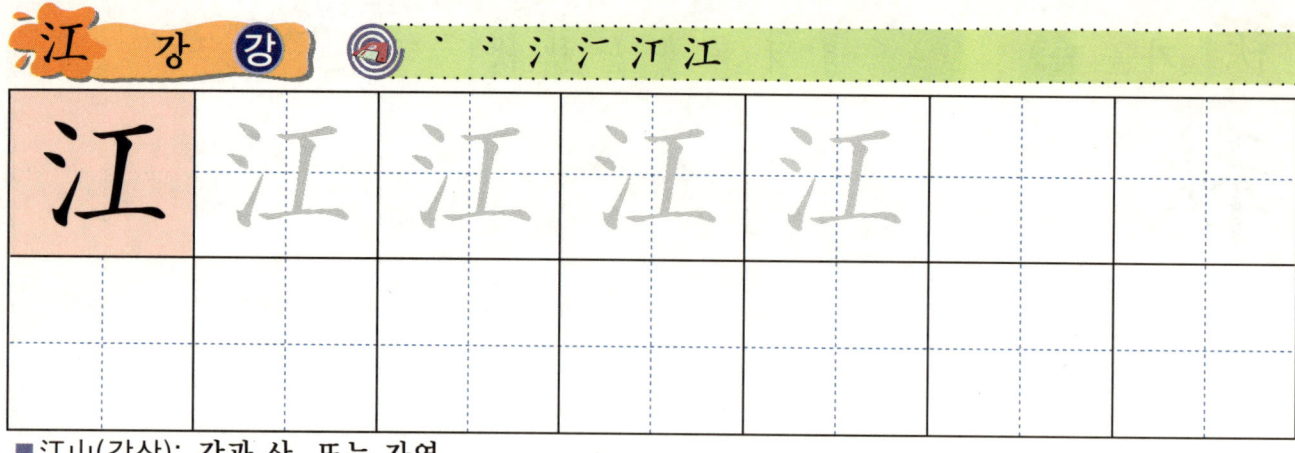

■ 江山(강산): 강과 산. 또는 자연.

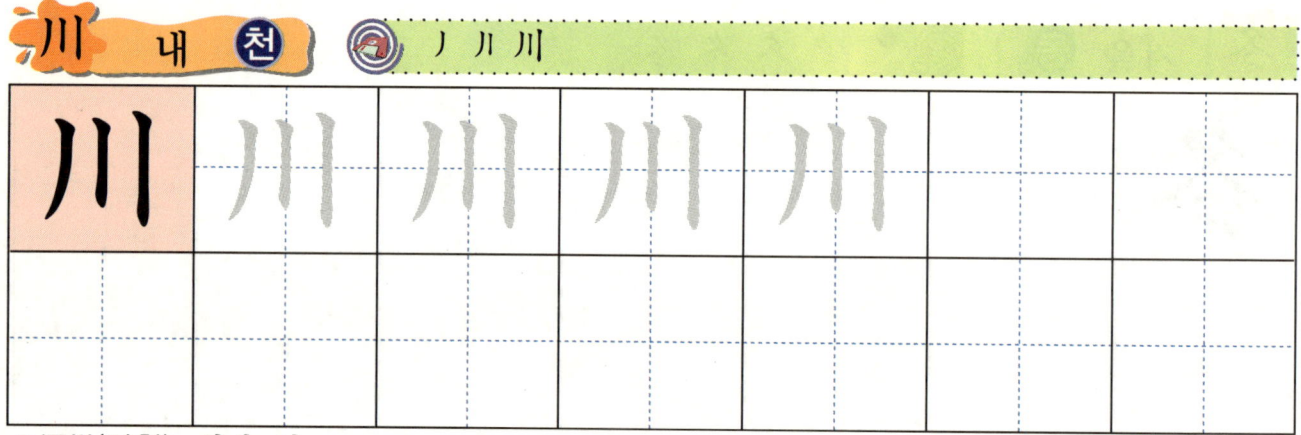

■ 河川(하천): 시내. 강.

■ 花草(화초): 꽃이 피는 풀과 나무.

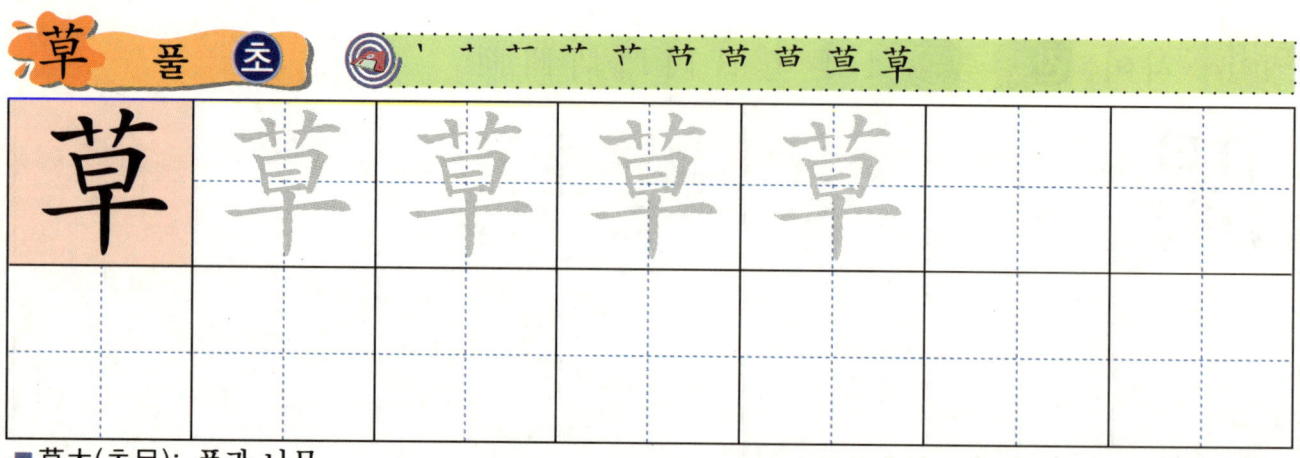

■ 草木(초목): 풀과 나무.

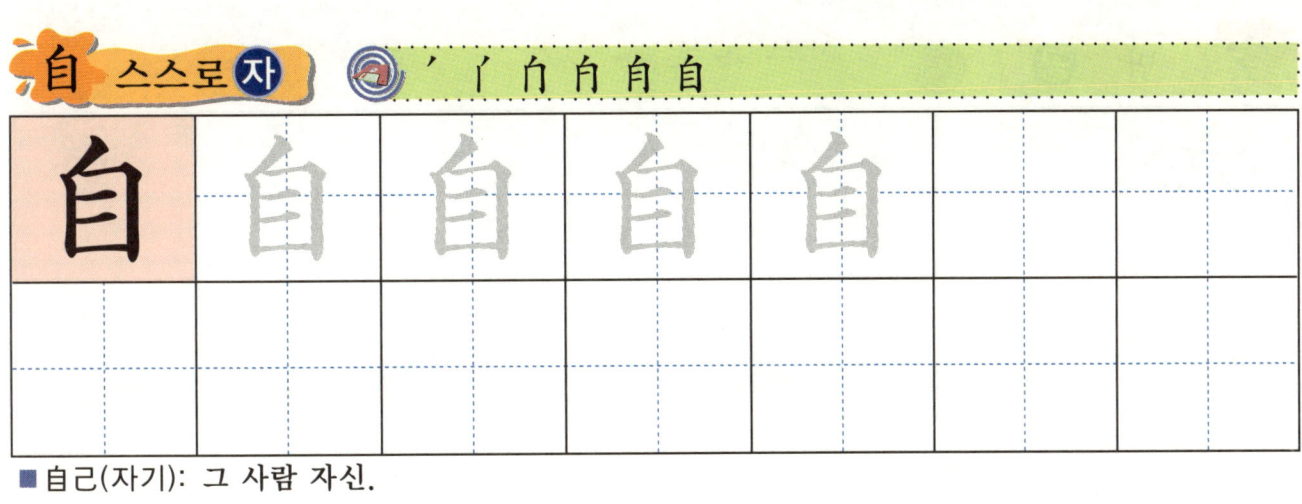

■ 自己(자기): 그 사람 자신.

■ 自然(자연): 사람의 힘을 들이지 않은 원래 그대로의 상태.

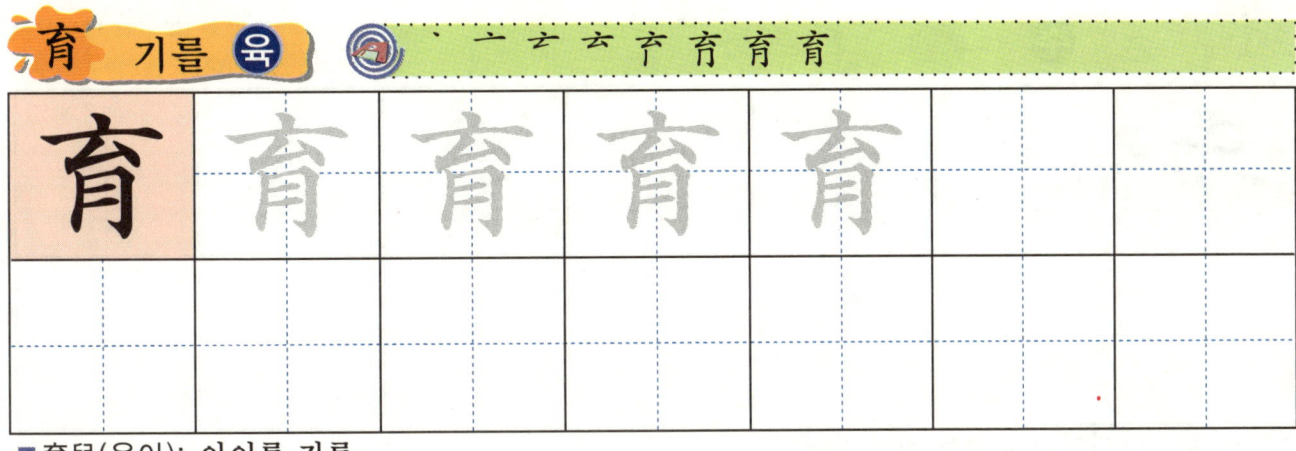

■ 育兒(육아): 아이를 기름.

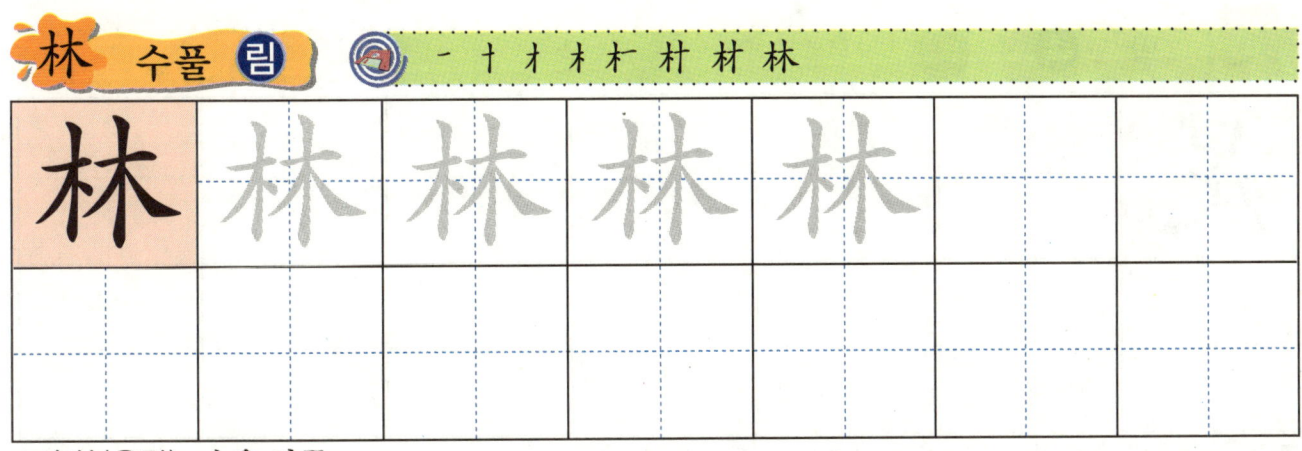

■ 育林(육림): 숲을 가꿈.

空 빌 공 　 丶 丶 宀 灾 空 空

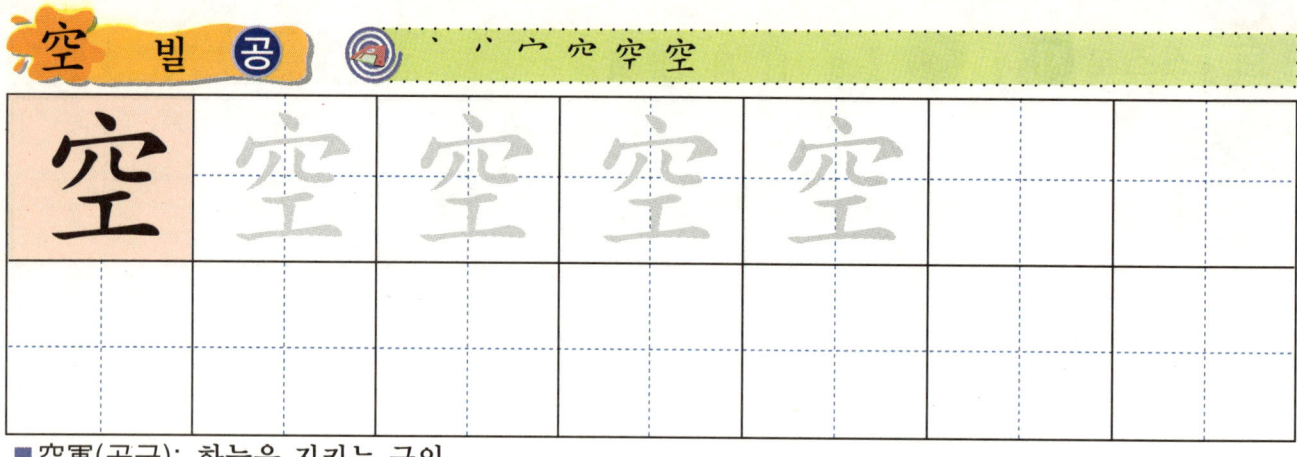

■ 空軍(공군): 하늘을 지키는 군인.

氣 기운 기 　 ⺈ ⺂ 气 气 気 氣 氣 氣

■ 空氣(공기): 지구의 표면을 둘러싸고 있는 무색·투명·무취의 기체. 대기.

手 손 수 　 一 二 三 手

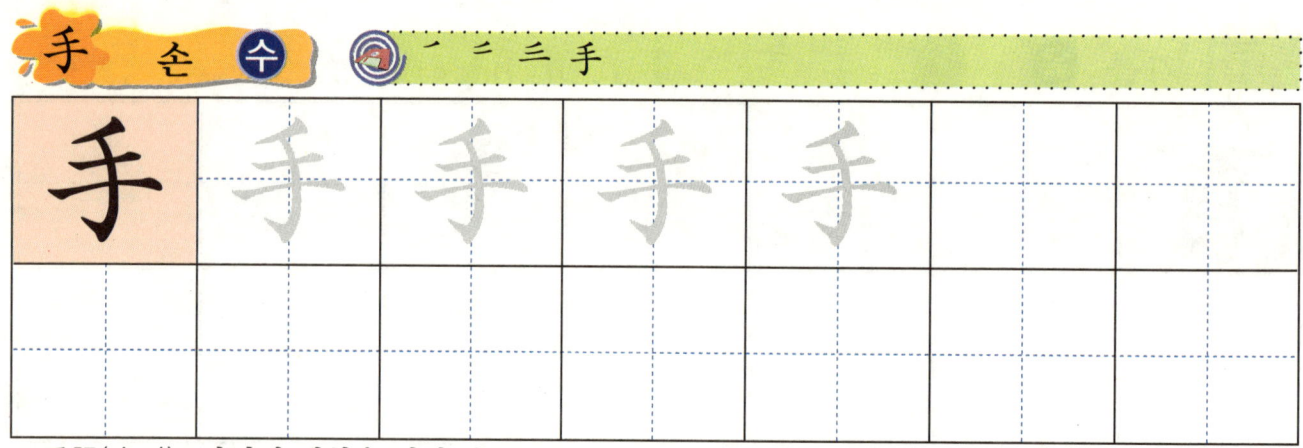

■ 手記(수기): 자기의 체험을 직접 쓴 글.

足 발 족 　 丨 口 口 口 口 口 昆 足

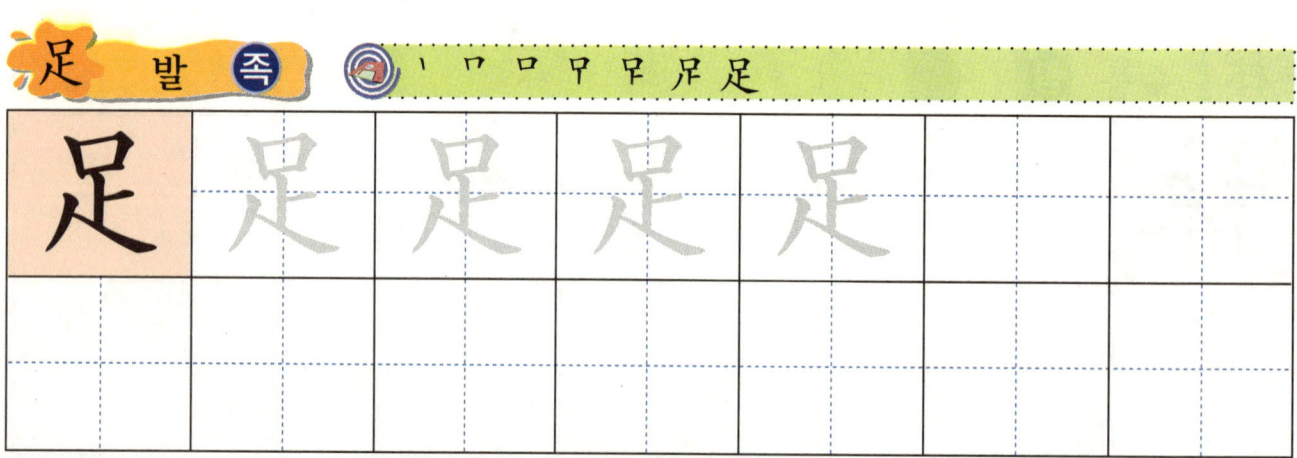

■ 手足(수족): 손과 발. 손발처럼 마음대로 부리는 사람.

直 곧을 직 　一 十 十 十 冇 冇 苜 直

■ 直線(직선): 곧은 선.

立 설 립 　丶 亠 六 产 立

■ 直立(직립): 꼿꼿이 바로 섬.

動 움직일 동 　一 二 千 自 百 亘 重 動 動

■ 動力(동력): 움직이게 하는 힘.

物 만물 물 　丿 丬 牛 牛 牝 物 物 物

■ 動物(동물): 생명이 있어 스스로 움직이는 생물.

■ 重力(중력): 지구가 지구 위의 물체를 그 중심으로 끌어당기는 힘.

■ 力作(역작): 힘들여 지음. 또는 힘들여 지은 작품.

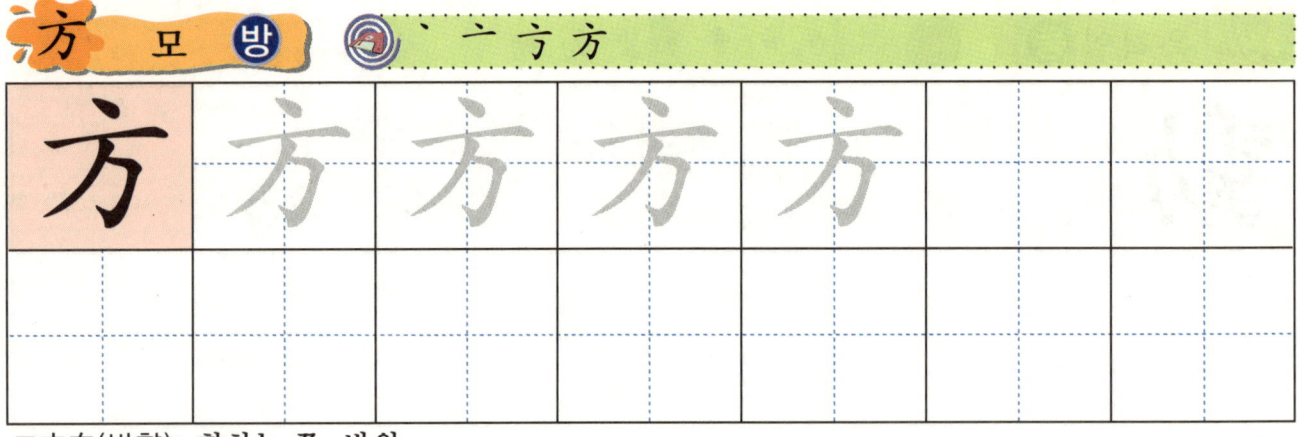

■ 方向(방향): 향하는 쪽. 방위.

■ 命令(명령): 윗사람이 아랫사람에게 내리는 분부.

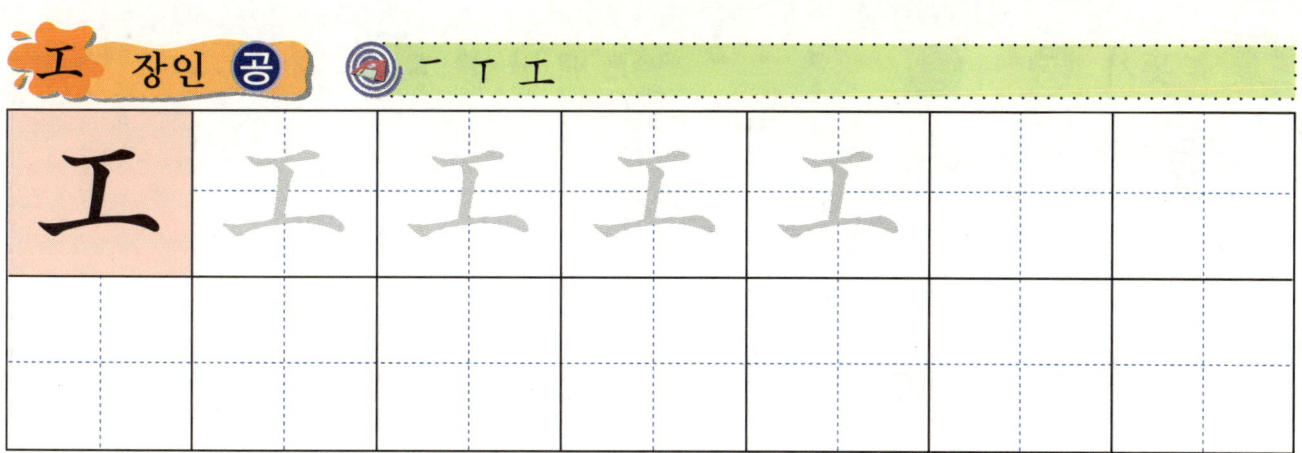

■ 工夫(공부): 학문이나 지식을 배움.

■ 工場(공장): 사람들이 기계를 써서 물건을 만들거나 손질하는 곳.

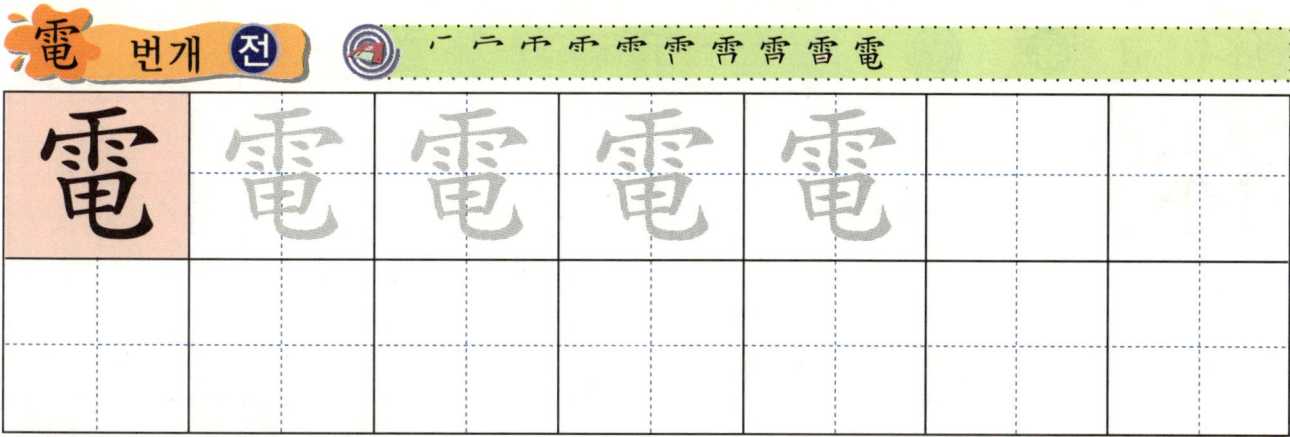

■ 電力(전력): 전기가 일으키는 힘.

■ 電話(전화): 전화기를 이용하여 말을 주고받음. 또는 말을 주고받는 기계.

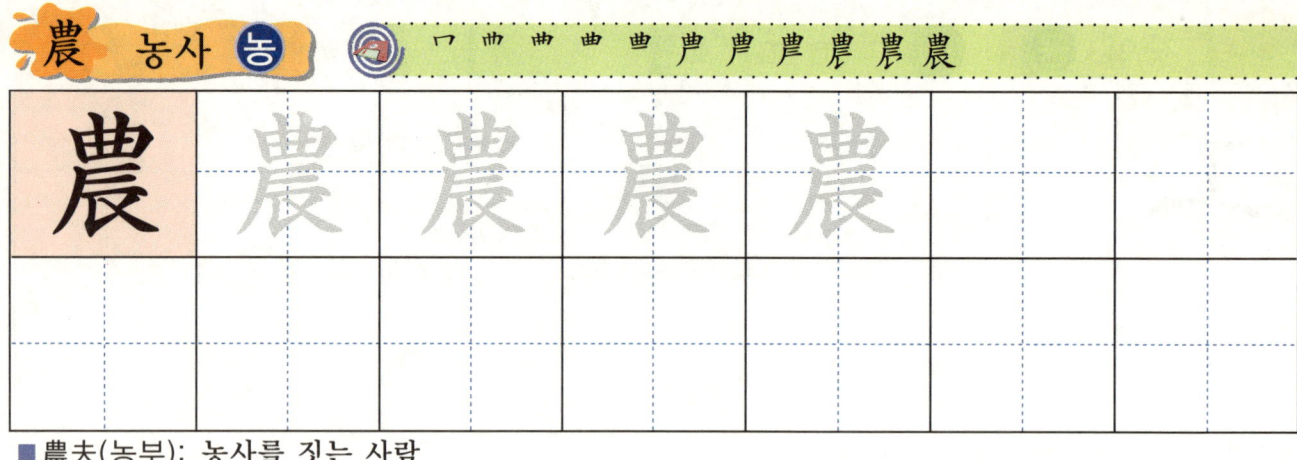

■ 農夫(농부): 농사를 짓는 사람.

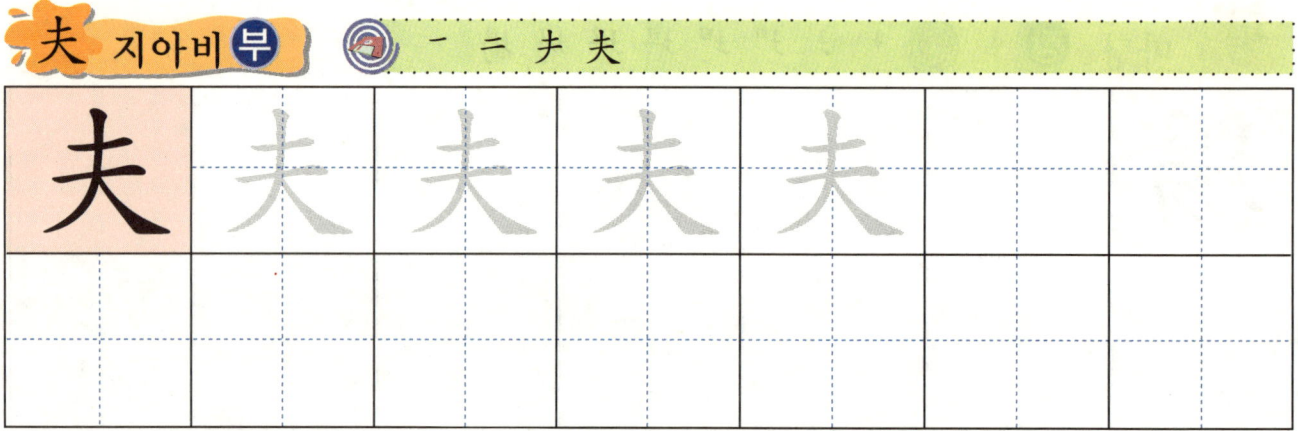

■ 夫婦(부부): 남편과 아내.

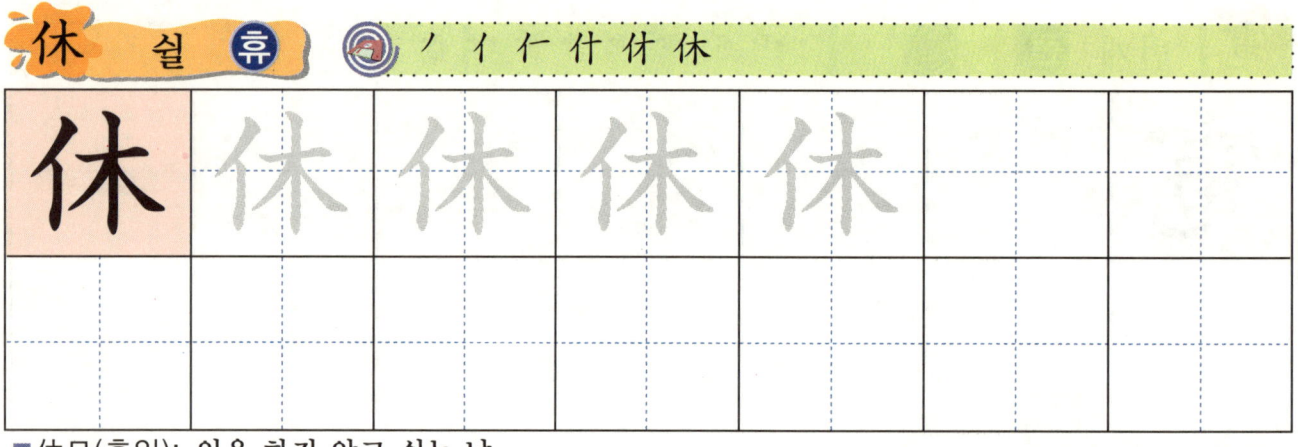

■ 休日(휴일): 일을 하지 않고 쉬는 날.

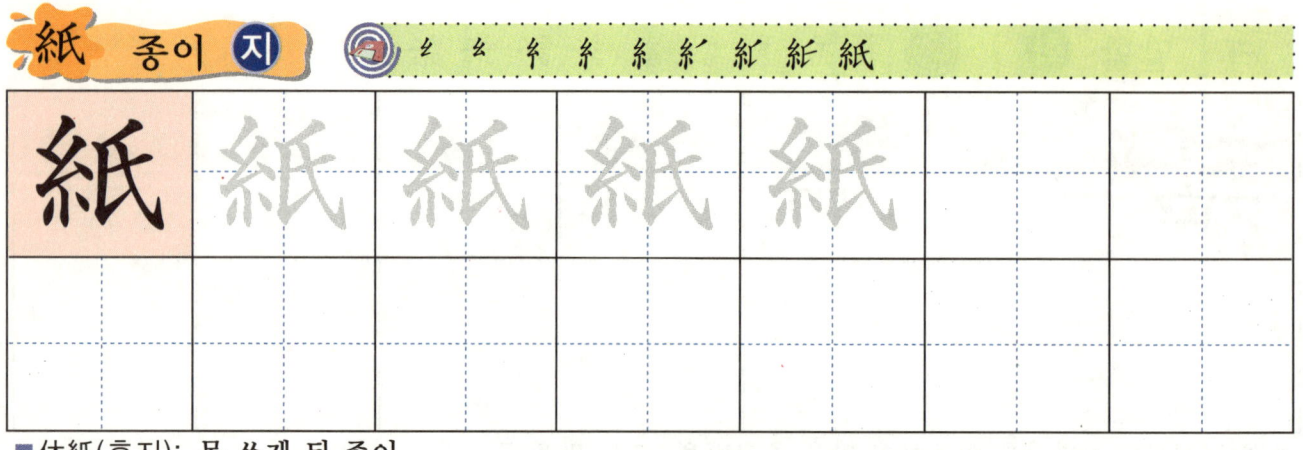

■ 休紙(휴지): 못 쓰게 된 종이.

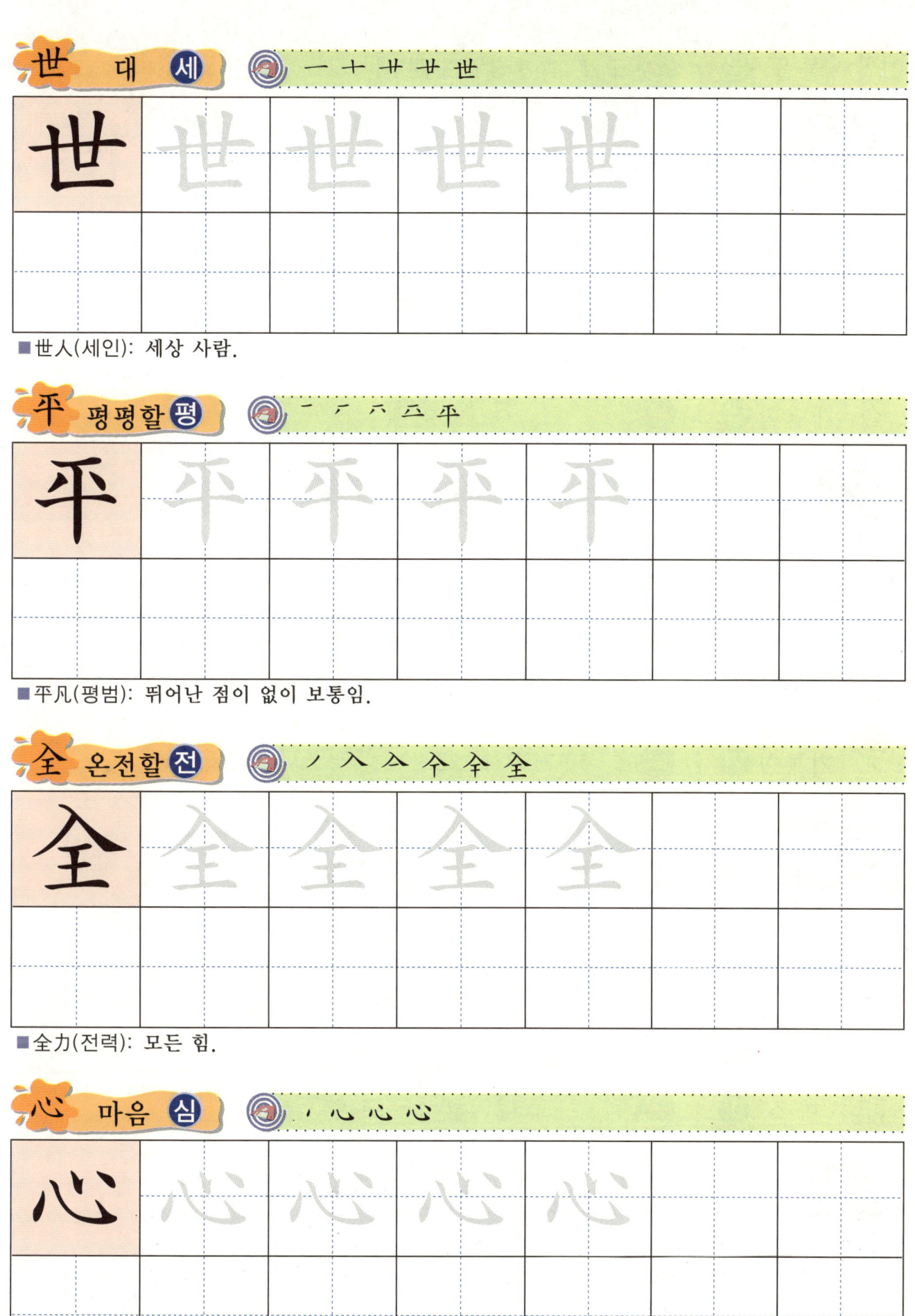

## 世 대 **세**   一 十 卅 廿 世

世 世 世 世 世

- 世人(세인): 세상 사람.

## 平 평평할 **평**   一 一 丆 二 平

平 平 平 平 平

- 平凡(평범): 뛰어난 점이 없이 보통임.

## 全 온전할 **전**   ノ 入 入 仝 全 全

全 全 全 全 全

- 全力(전력): 모든 힘.

## 心 마음 **심**   丶 心 心 心

心 心 心 心 心

- 全心(전심): 마음을 오로지 한 곳에만 씀.

## 問 물을 문    ｜ ｌ ｒ ｐ ｐ 門 門 問 問

問 問 問 問

■ 問題(문제): 답을 얻기 위한 물음.

## 答 대답할 답    ｰ ｰ ｰｰ ｰｰ ｰｰ 答 答

答 答 答 答

■ 問答(문답): 묻고 대답함.

## 記 기록할 기    ｰ ｰ 言 記 記 記

記 記 記 記

■ 記者(기자): 신문, 잡지 등의 기사를 쓰는 사람.

## 語 말씀 어    ｰ ｰ 言 言 訂 語 語 語 語

語 語 語 語

■ 言語(언어): 말.

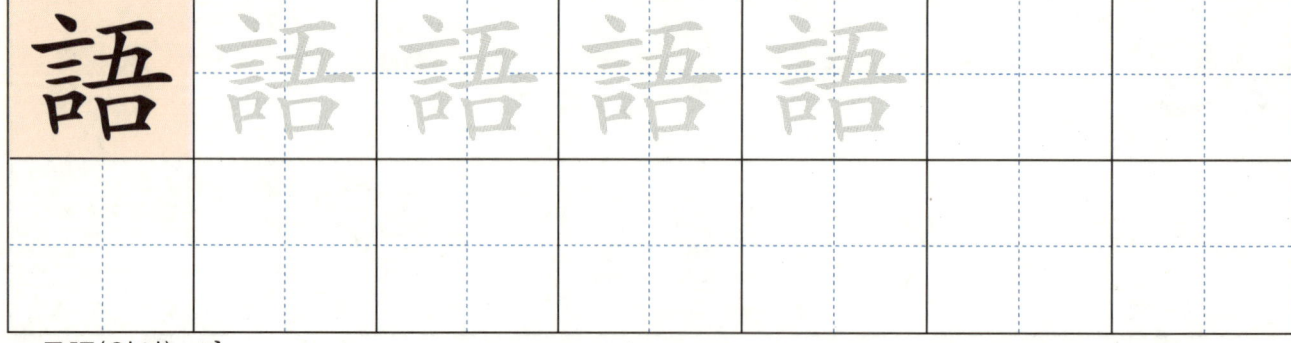

■ 漢文(한문): 한자로 쓴 글.

■ 文化(문화): 사람의 지혜가 깨어 살기 좋아짐.

■ 算數(산수): 초보적인 계산이나 도형 등을 가르치는 과목.

■ 數學(수학): 수량·도형 등에 대해 연구하는 학문.

■ 少年(소년): 아직 어른이 되지 않은 남자 아이.

■ 祖上(조상): 같은 혈통으로 된 할아버지 이상의 윗대의 어른.

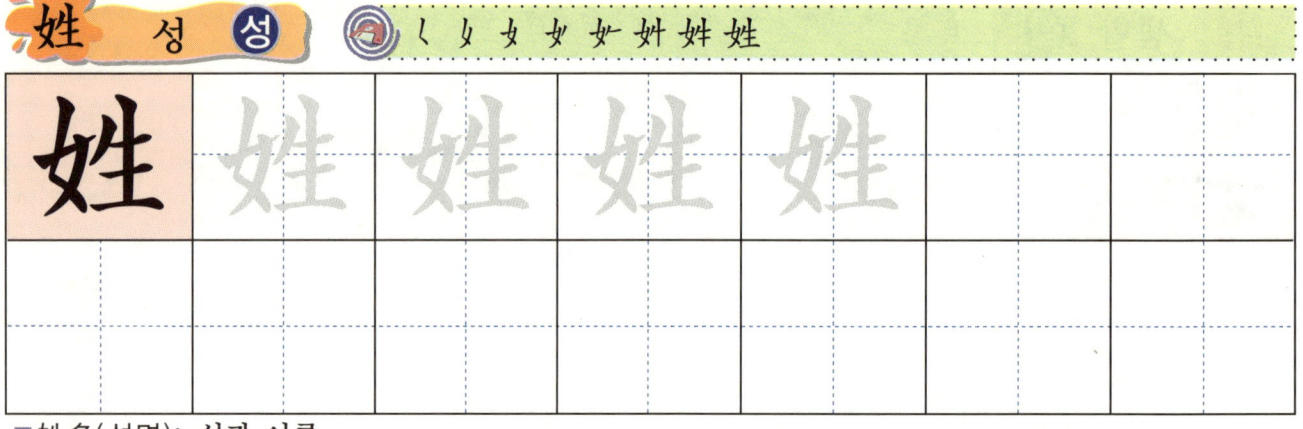

■ 姓名(성명): 성과 이름.

■ 名所(명소): 아름다운 경치나 사적 따위로 널리 이름난 장소.

■ 午前(오전): 밤 12시부터 낮 12시까지의 사이.

■ 夕陽(석양): 저녁 해 또는 해질 무렵.

■ 同生(동생): 같은 부모에게서 태어난 자기보다 나이가 적은 남자나 여자.

■ 同色(동색): 같은 빛깔.

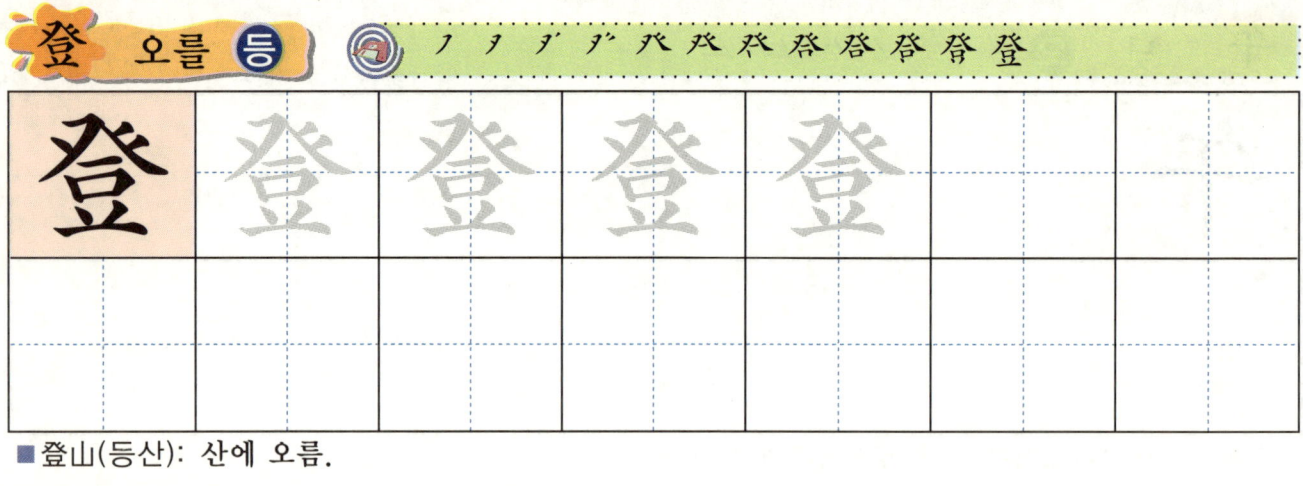

■ 登山(등산): 산에 오름.

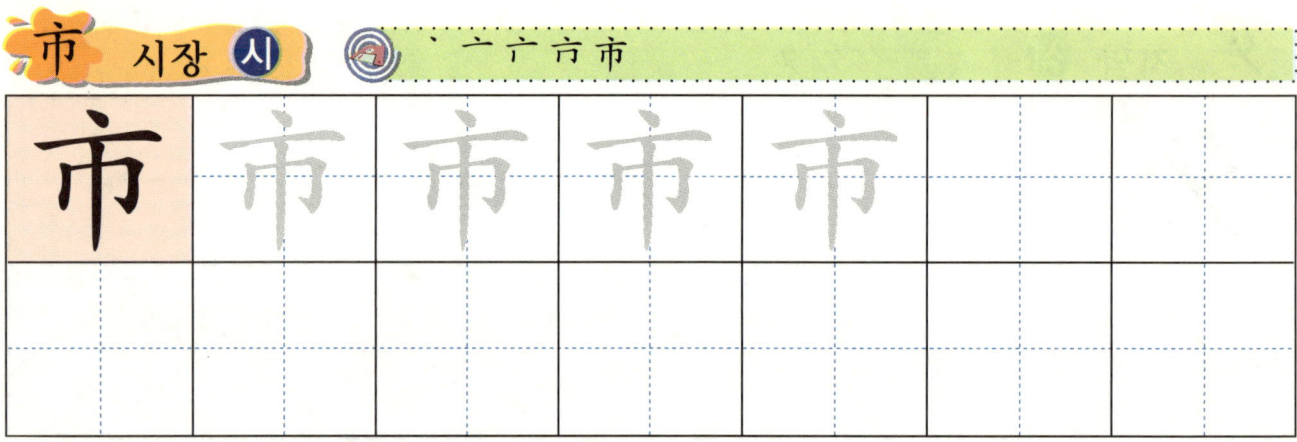

■ 市場(시장): 여러 가지 상품을 팔고 사는 장소.

■ 車道(차도): 차가 다니는 길.

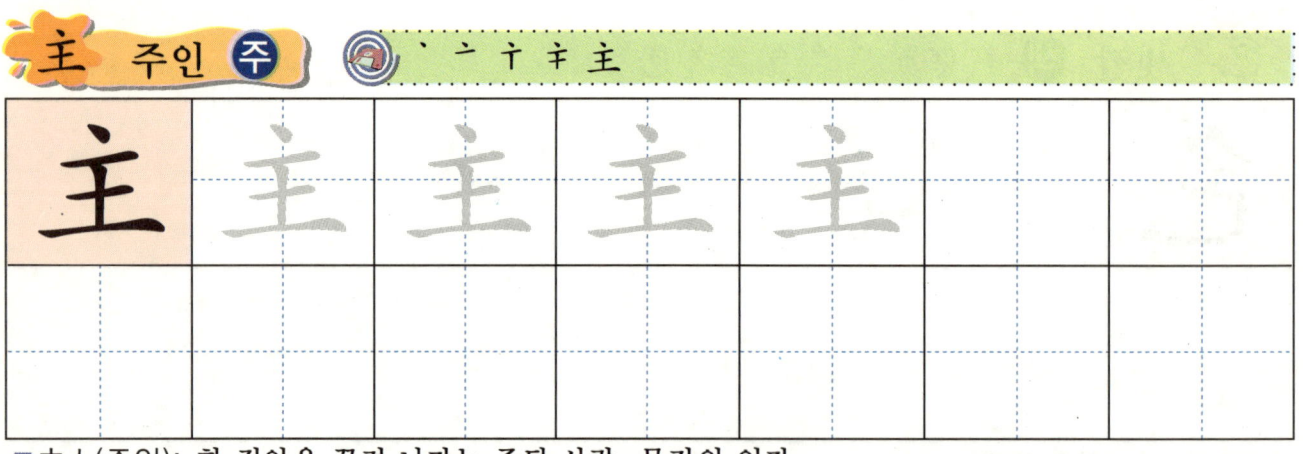

■ 主人(주인): 한 집안을 꾸려 나가는 주된 사람. 물건의 임자.

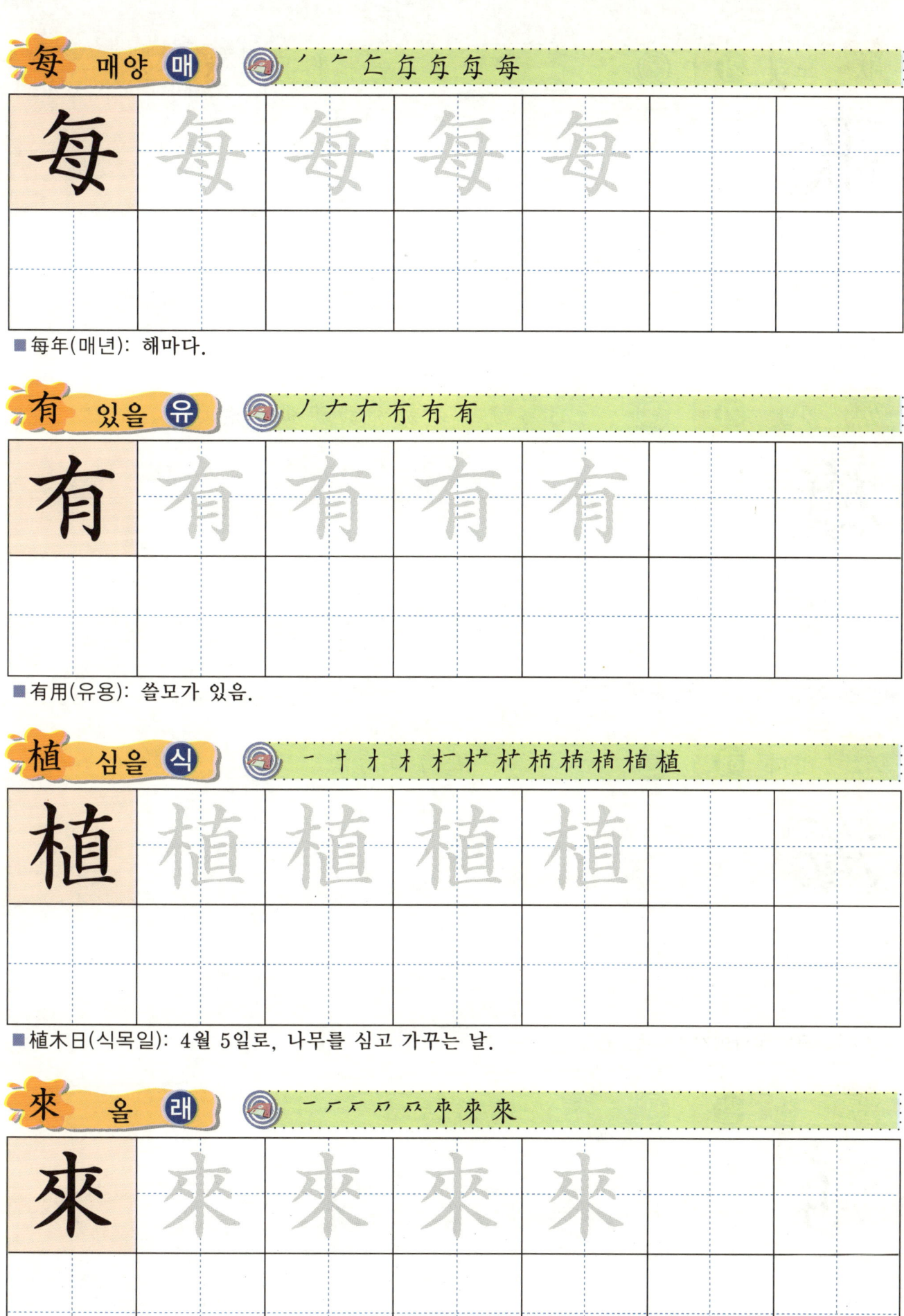

每 매양 매 　ノ 卜 亡 듐 듐 每 每

■ 每年(매년): 해마다.

有 있을 유 　ノ ナ 才 有 有 有

■ 有用(유용): 쓸모가 있음.

植 심을 식 　一 十 才 木 杧 朾 柿 柿 植 植 植

■ 植木日(식목일): 4월 5일로, 나무를 심고 가꾸는 날.

來 올 래 　一 厂 厂 厂 巫 來 來 來

■ 來日(내일): 오늘의 바로 다음 날.

# 급수 한자 익힘책

- 급수 한자 익힘책
  8·7급 대비

- 급수 한자 익힘책
  6급 대비

# 급수 한자 익힘책

### 5급 대비 (5급 상)
쓰기 연습장

# 5학년 (상) 쓰기 연습장

## 無 없을 무
` ノ ゲ 仁 匕 纪 纪 缶 缶 無 無 無 無 `

■ 無罪(무죄) : 아무 잘못이나 죄가 없음.

## 料 헤아릴 료
` ' ' ゛ ユ キ 才 米 米 米 料 料 `

■ 無料(무료) : 값이나 요금이 들지 않음.

## 旅 나그네 려
` ' 一 方 方 方 方 方 旅 旅 旅 `

■ 旅費(여비) : 여행하는 데 필요한 비용.

## 費 쓸 비
` 一 一 弓 弔 弗 弗 弗 費 費 費 費 `

■ 費用(비용) : 어떤 일을 하는 데 드는 돈.

■ 選出(선출) : 여럿 가운데서 뽑음.

■ 選擧(선거) : 여러 사람 가운데서 대표자를 뽑아 냄.

■ 性質(성질) : 고유의 특성.

■ 質問(질문) : 모르는 것을 물어 봄.

■ 舊屋(구옥) : 오래 된 집.

■ 屋上(옥상) : 지붕의 위.

■ 敬老(경로) : 노인을 공경함.

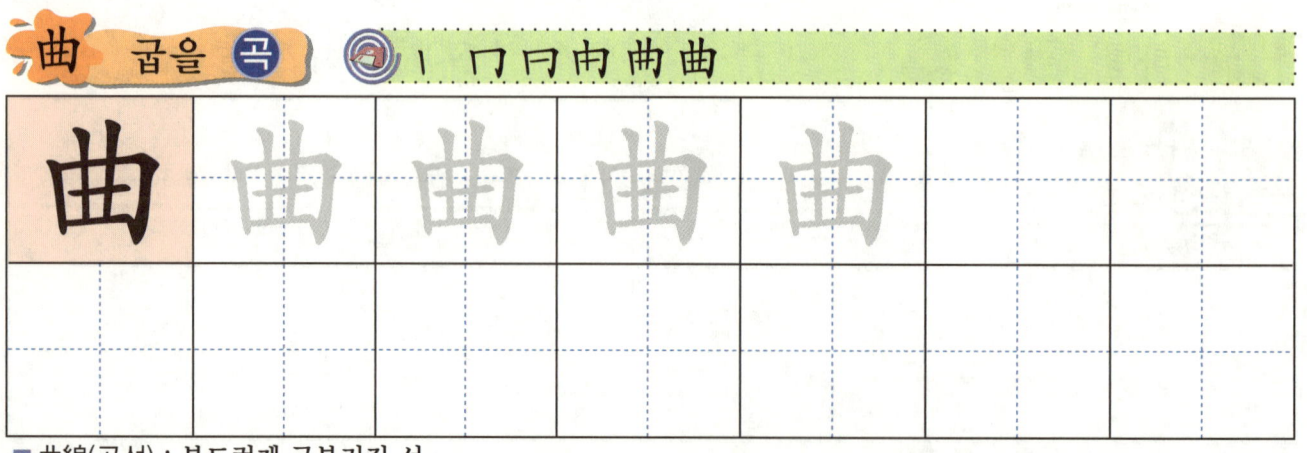
■ 曲線(곡선) : 부드럽게 구부러진 선.

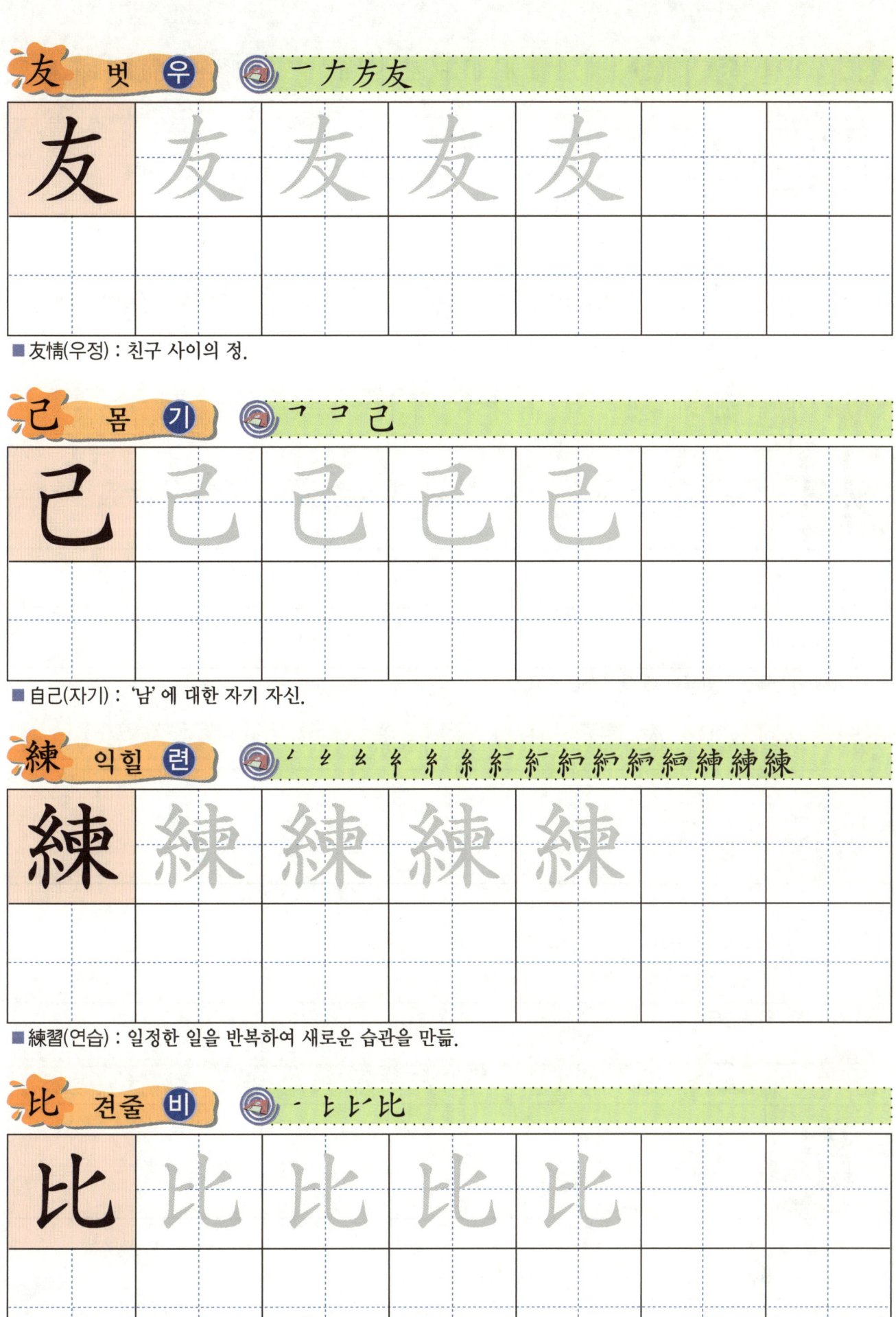

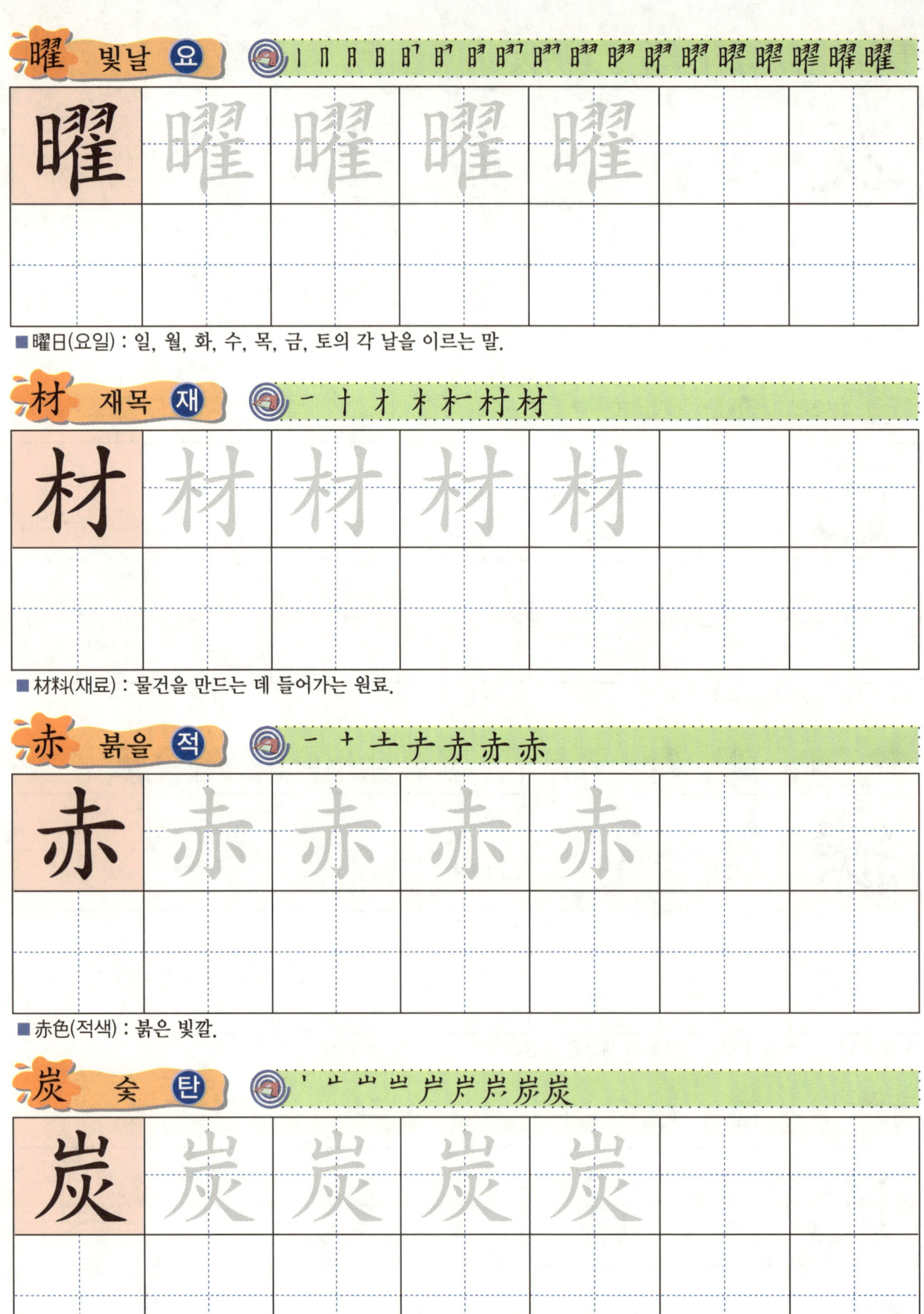

■ 奉仕(봉사) : 자신의 이해를 돌보지 않고 몸과 마음을 다하여 일함.

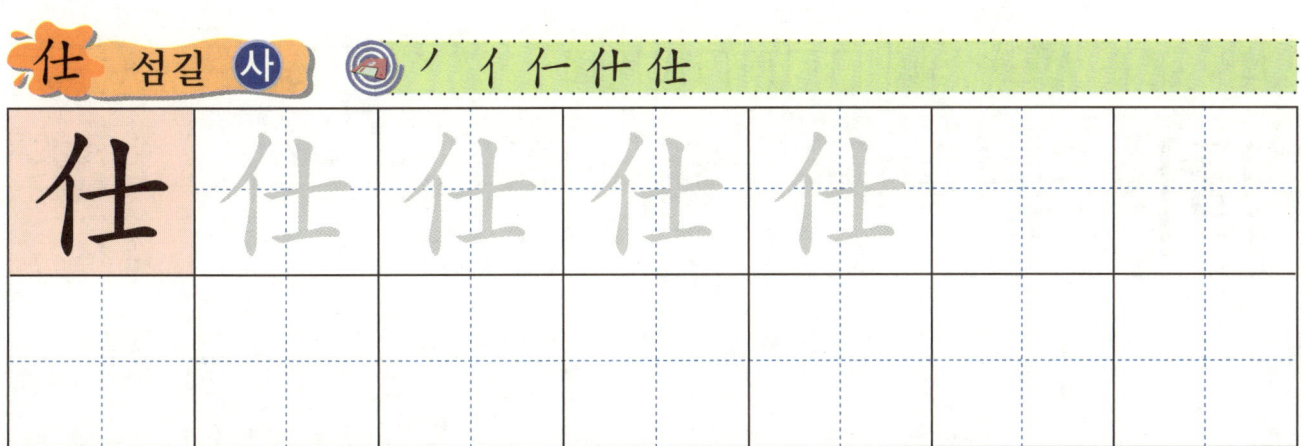

■ 給仕(급사) : 관청이나 회사에서 잔심부름을 하는 사람.

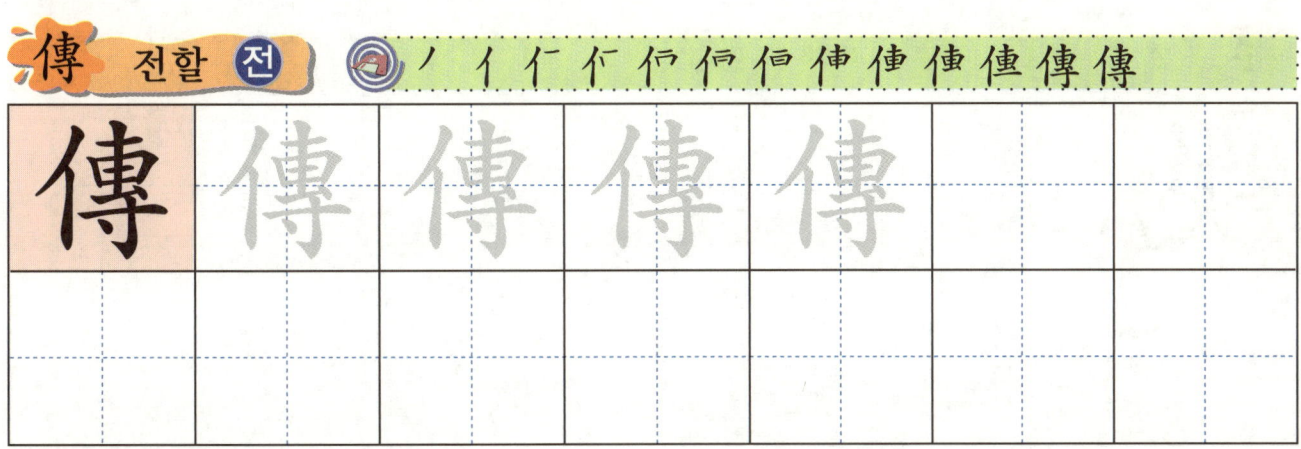

■ 傳說(전설) : 전해져 내려오는 이야기.

■ 說明(설명) : 상대방이 잘 알 수 있도록 풀어서 말함.

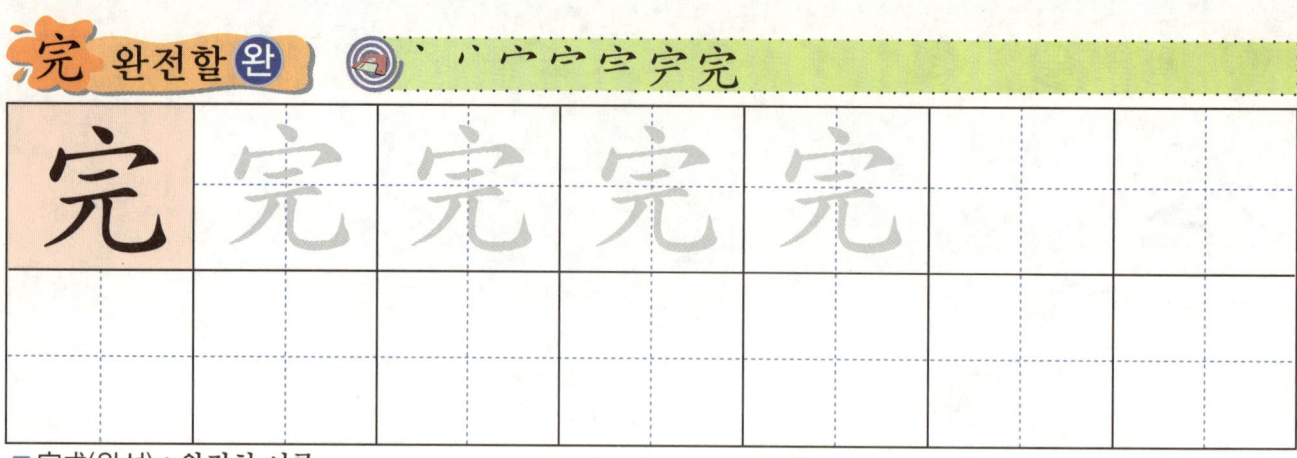
- 完成(완성) : 완전히 이룸.

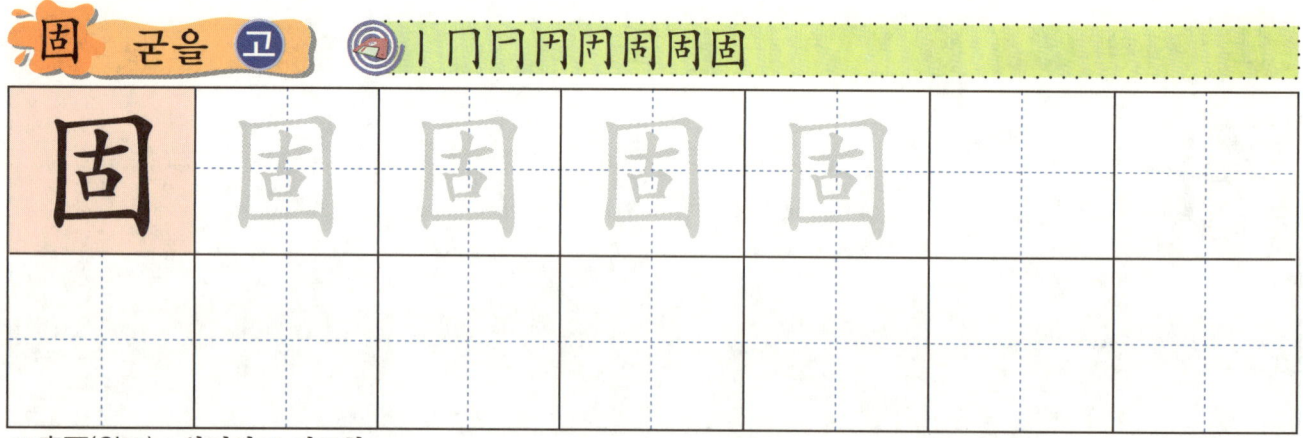
- 完固(완고) : 완전하고 견고함.

- 水災(수재) : 홍수와 같은 물로 인한 재해.

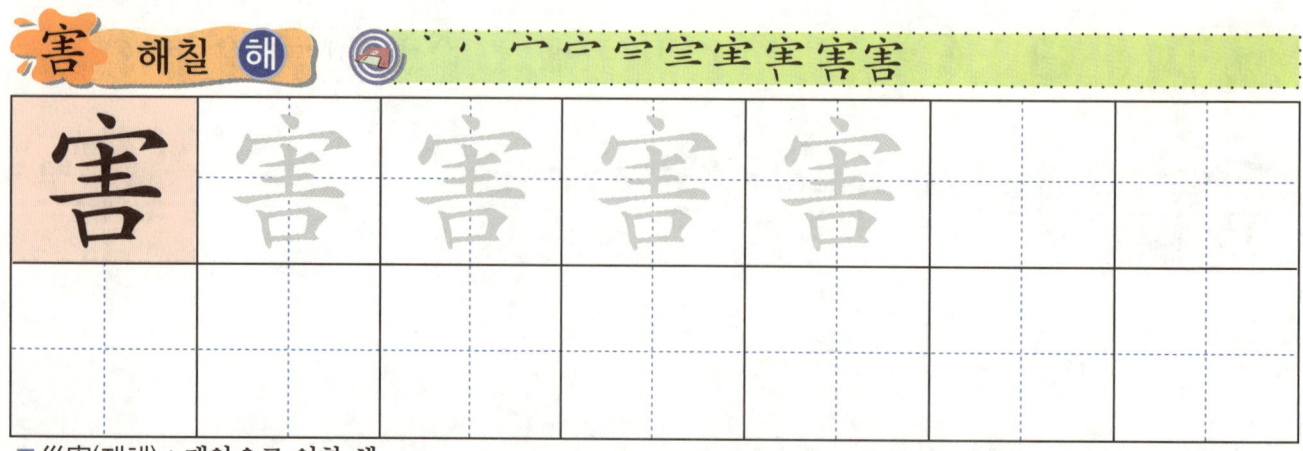
- 災害(재해) : 재앙으로 인한 해.

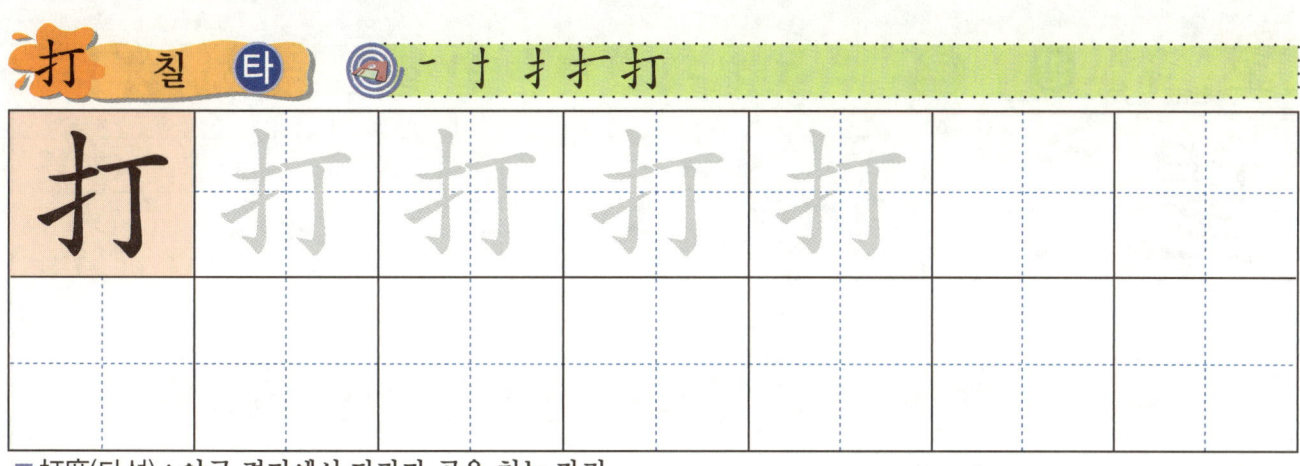

■ 打席(타석) : 야구 경기에서 타자가 공을 치는 자리.

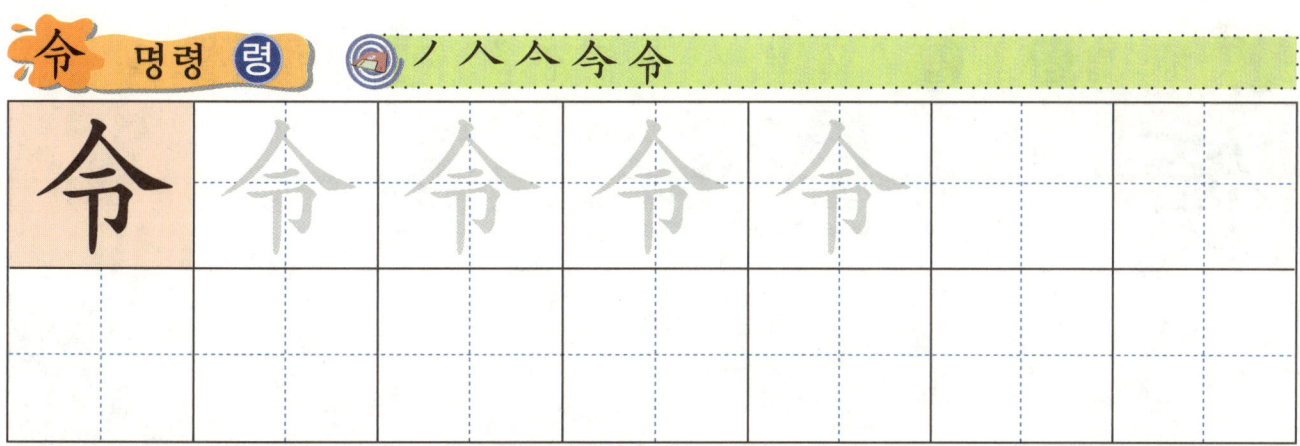

■ 打令(타령) : 어떤 생각을 말로 자꾸 되풀이하는 것.

■ 課題(과제) : 처리하거나 해결해야 할 문제.

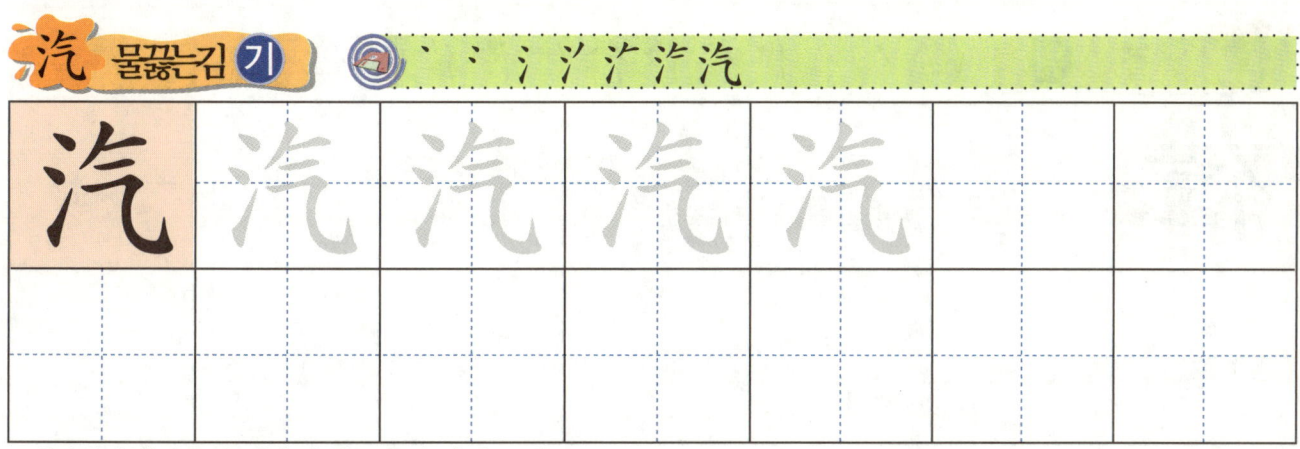

■ 汽船(기선) : 증기 기관의 힘으로 움직이는 배.

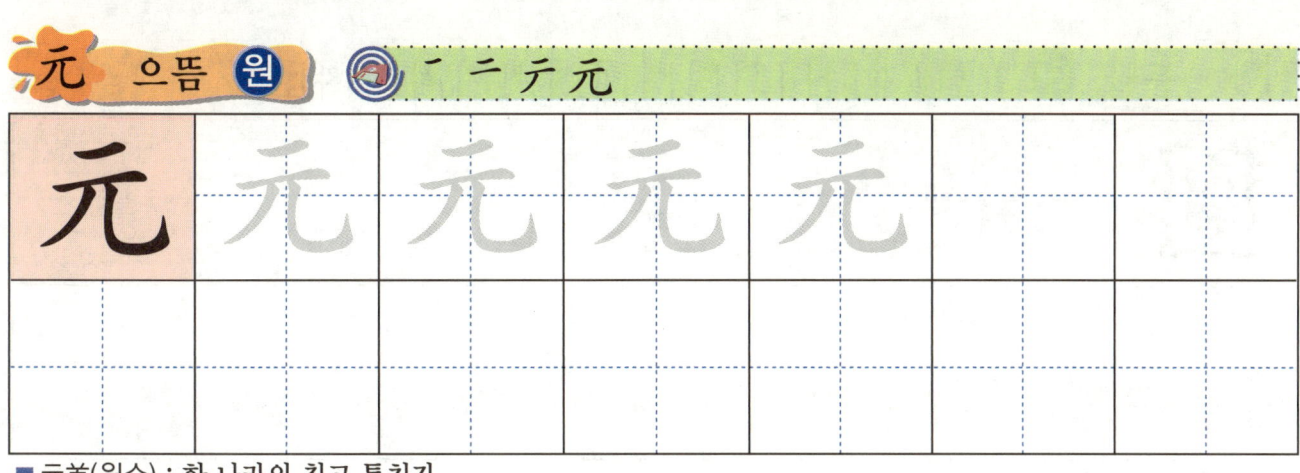

■ 元首(원수) : 한 나라의 최고 통치자.

■ 賞金(상금) : 상으로 주는 돈.

■ 財物(재물) : 돈이나 그 밖의 값나가는 모든 물건.

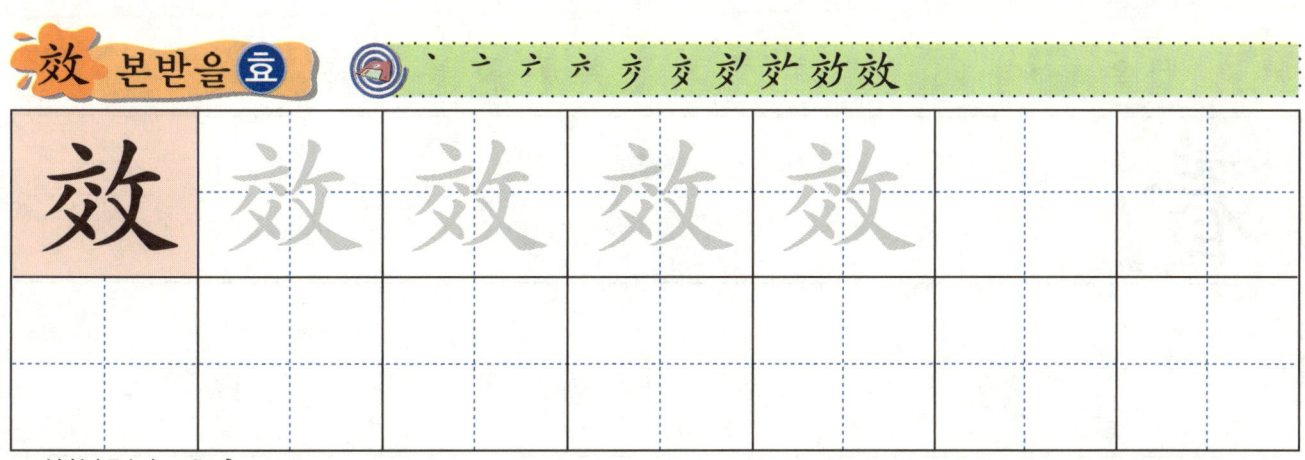

■ 效能(효능) : 효과.

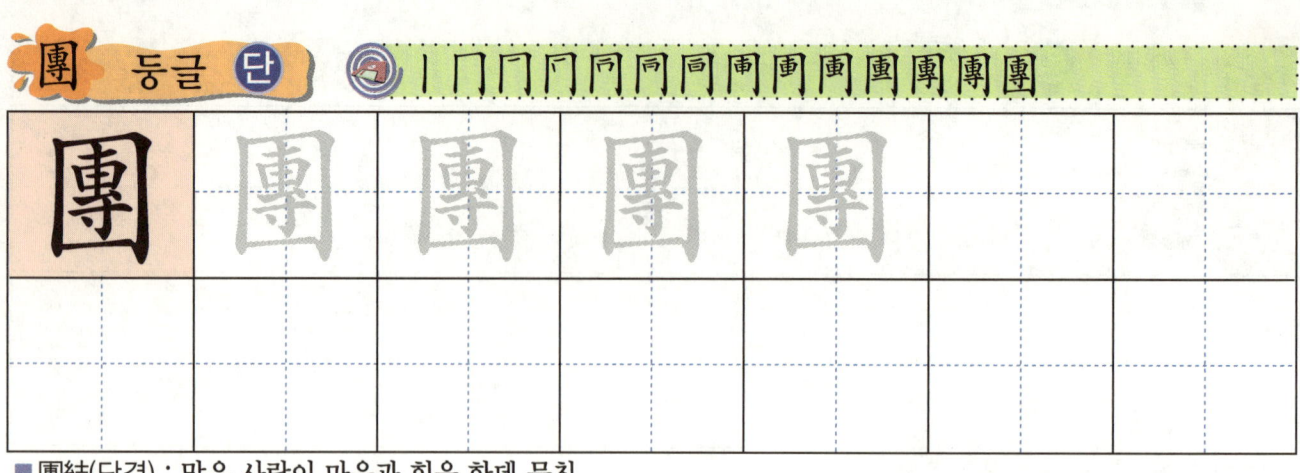

■ 團結(단결) : 많은 사람이 마음과 힘을 한데 뭉침.

■ 結末(결말) : 일이 마무리되는 끝.

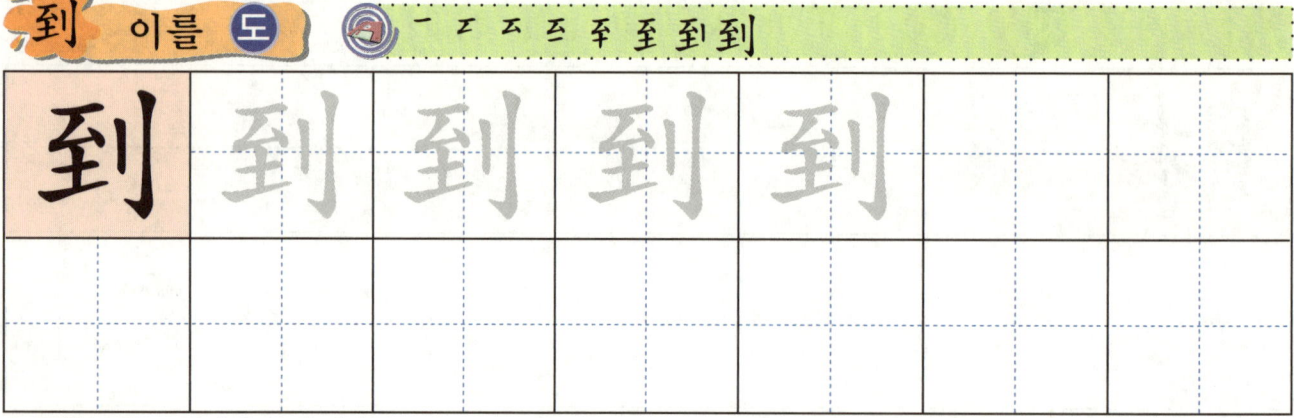

■ 到着(도착) : 목적한 곳에 다다름.

■ 着用(착용) : 옷, 모자, 신발 따위를 몸에 걸침.

## 歷 지낼 력
一厂厂厂厂厂厂厂厂厂厂厂厂厂厂厂厂厂厂厂厂厂厂厂厂厂厂厂厂厂厂厂厂厂厂厂厂厂厂厂厂厂厂厂厂厂厂厂厂厂厂

歷 歷 歷 歷

■ 歷史(역사) : 인간이 살아온 사회의 발자취.

## 史 역사 사
丨 口 口 史 史

史 史 史 史

■ 史記(사기) : 역사를 기록한 책.

## 相 서로 상
一 十 才 木 村 相 相 相 相

相 相 相 相

■ 相談(상담) : 대책 따위를 세우기 위해 서로 의논하는 것.

## 關 관계할 관
丨 冂 冂 冂 冂 門 門 門 門 門 門 門 閂 閂 閑 關 關 關 關

關 關 關 關

■ 相關(상관) : 서로 관계가 있음.

流 흐를 류 `丶丶氵氵泸泸泸济流流`

流 流 流 流

■ 流動(유동) : 액체 같은 것이 흘러 움직임.

湖 호수 호 `丶丶氵氵汁汁汁沽沽湖湖湖湖`

湖 湖 湖 湖

■ 湖水(호수) : 육지에 물이 고여 있는 아주 넓은 곳.

洗 씻을 세 `丶丶氵氵汁汁汁洗洗`

洗 洗 洗 洗

■ 洗手(세수) : 손이나 얼굴을 씻음.

浴 목욕할 욕 `丶丶氵氵汁汁汁浴浴浴`

浴 浴 浴 浴

■ 浴室(욕실) : 목욕하는 방.

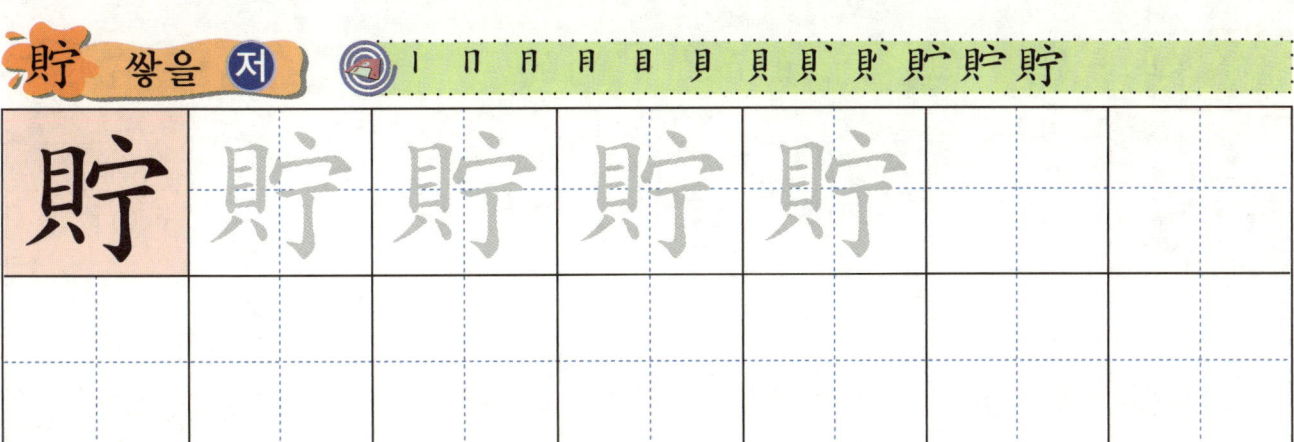

■ 貯金(저금) : 돈을 모아 둠.

■ 自宅(자택) : 자기가 사는 집(자기가 소유하는 집).

■ 家具(가구) : 집안 살림을 할 때 사용되는 기구.

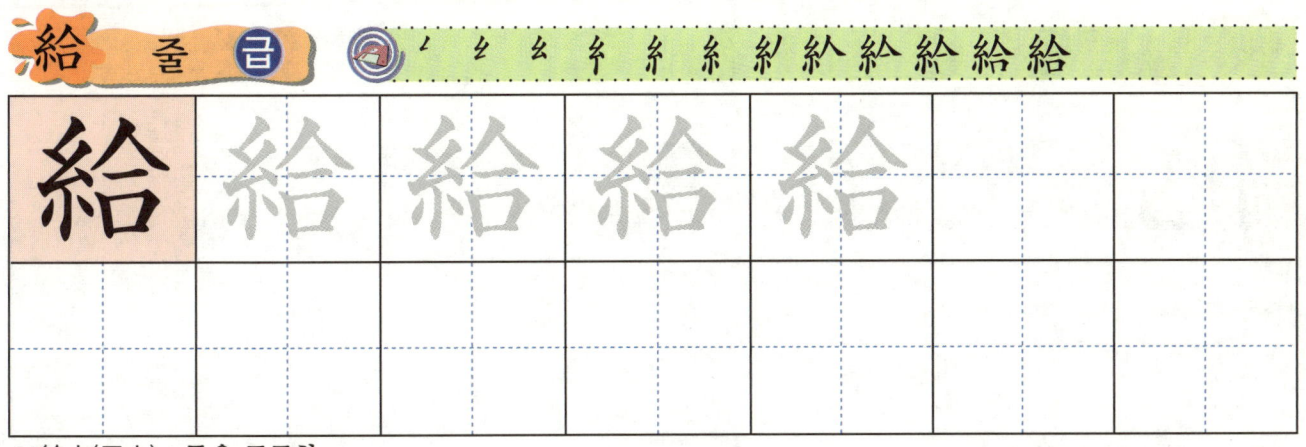

■ 給水(급수) : 물을 공급함.

## 的 과녁 적 ノ ノ ヵ ゥ 白 白 的 的

**的**  的  的  的  的

■ 目的(목적) : 이루려고 하는 목표.

## 情 뜻 정 ， ， 丨 忄 忄 忄 忄 情 情 情

**情**  情  情  情  情

■ 感情(감정) : 느끼어 일어나는 심정.

## 節 마디 절 ， ， ＾ ＾ 广 広 竺 笁 笁 笘 笘 節 節

**節**  節  節  節  節

■ 節電(절전) : 전기를 아껴 사용함.

## 他 다를 타 ノ イ 亻 仳 他

**他**  他  他  他  他

■ 他人(타인) : 다른 사람.

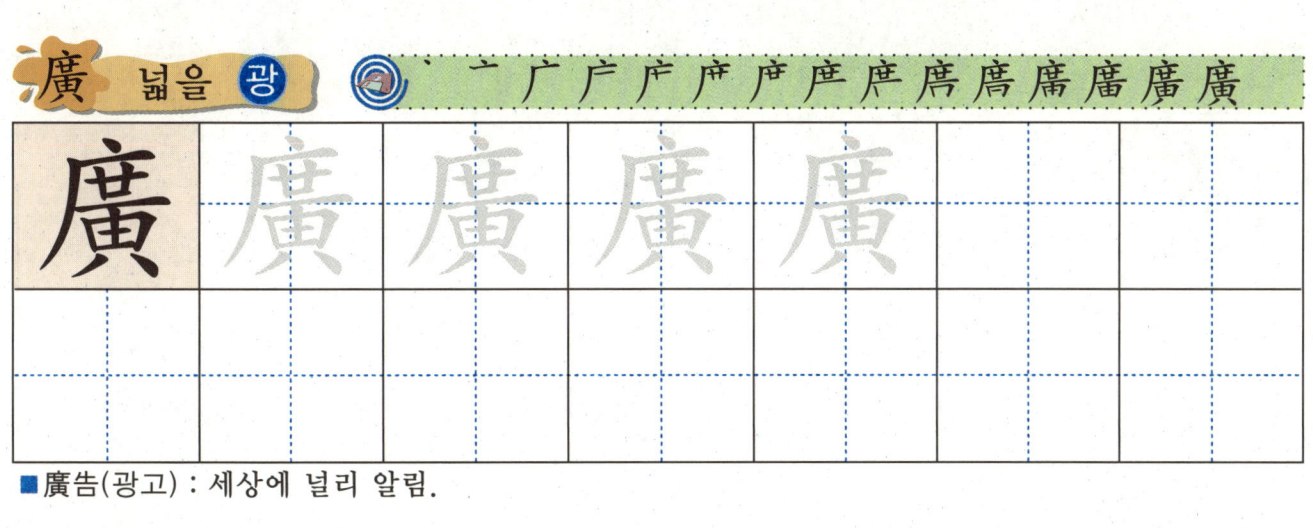

■廣告(광고) : 세상에 널리 알림.

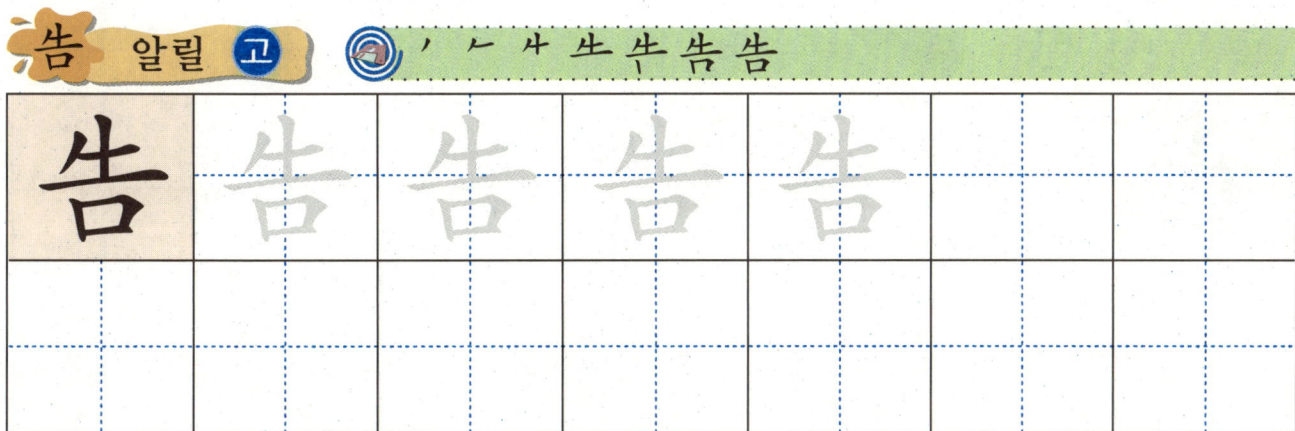

■告發(고발) : 알려지지 않은 잘못된 내용을 드러내어 알림.

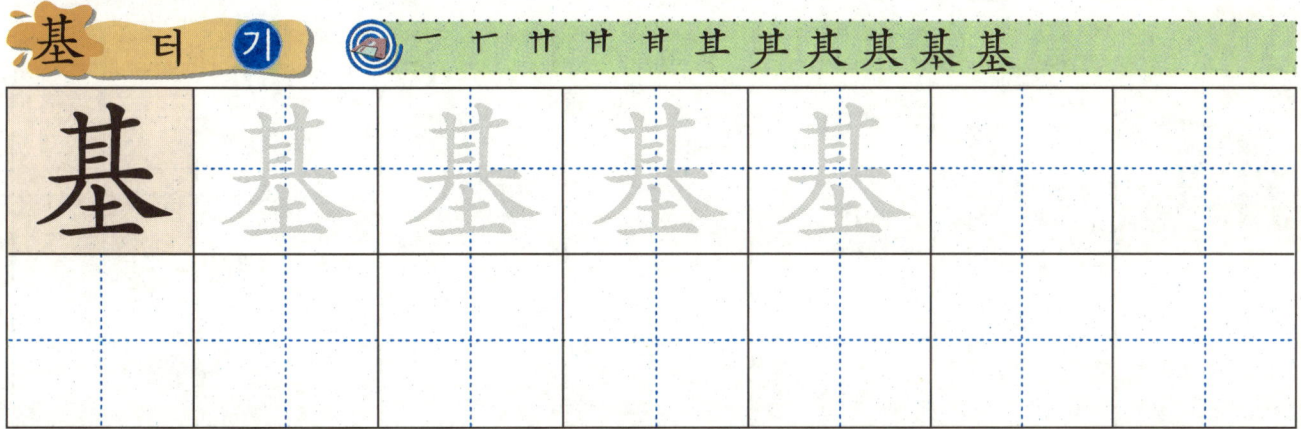

■基本(기본) : 사물의 근본.

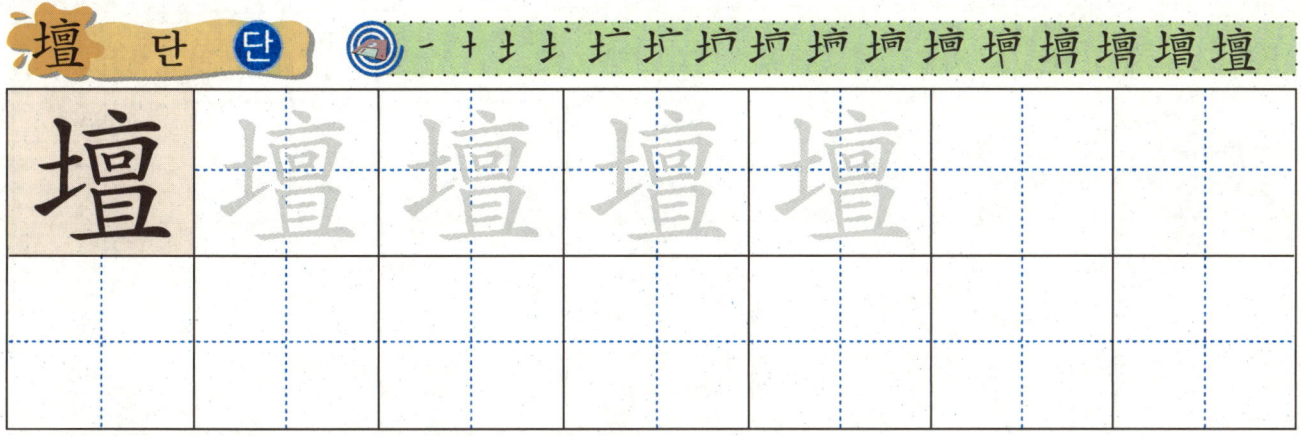

■敎壇(교단) : 교실에서 선생님이 강의할 때 올라서는 단.

敗 패할 패 　 丨 冂 冂 月 目 貝 貝 貝 販 敗 敗

敗　敗　敗　敗　敗

■失敗(실패) : 일이 잘못됨.

亡 망할 망 　 丶 亠 亡

亡　亡　亡　亡　亡

■敗亡(패망) : 패하여 망함.

祝 빌 축 　 一 二 亍 亓 示 祀 祀 祀 祝

祝　祝　祝　祝　祝

■祝福(축복) : 앞날의 행복을 비는 일.

福 복 복 　 一 二 亍 亓 示 祀 祀 祀 祀 祀 福 福 福

福　福　福　福　福

■萬福(만복) : 모든 행운이나 행복.

18 　급수 한자 익힘책

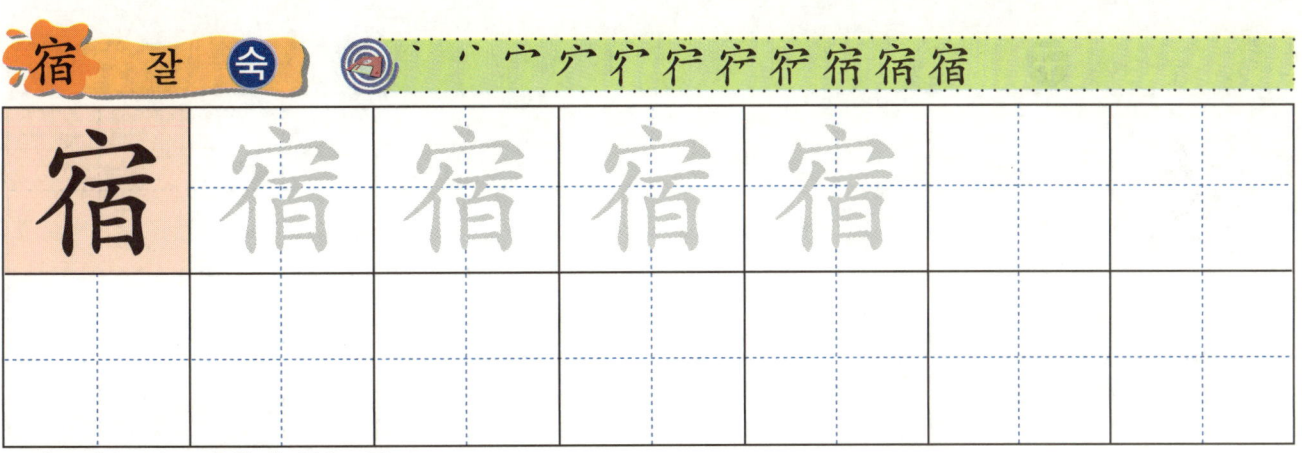
■ 宿所(숙소) : 머물러 묵는 곳.

■ 宿願(숙원) : 오랜 소원.

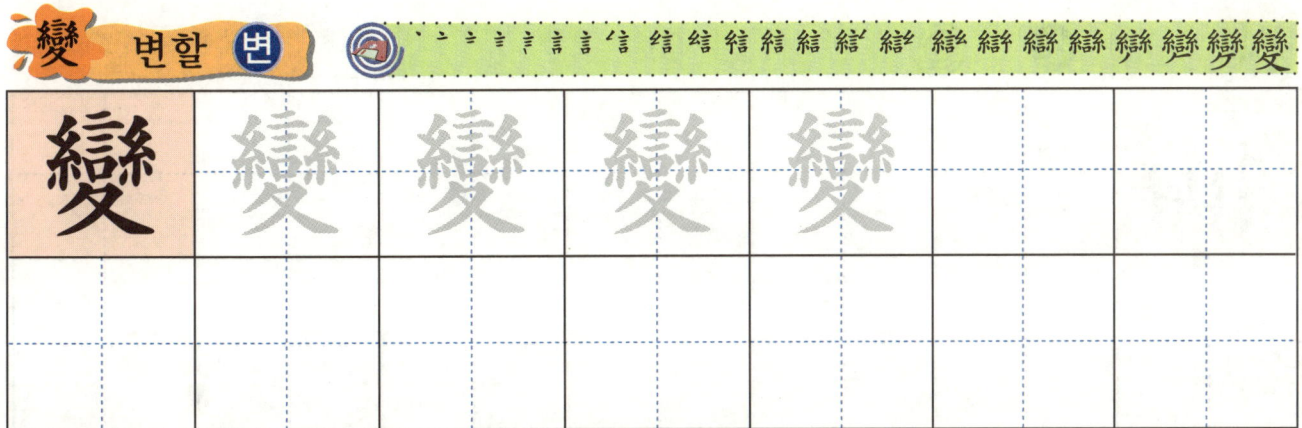
■ 變化(변화) : 사물의 모양이나 성질 등이 변하여 달라짐.

■ 强化(강화) : 더 튼튼하고 강하게 함.

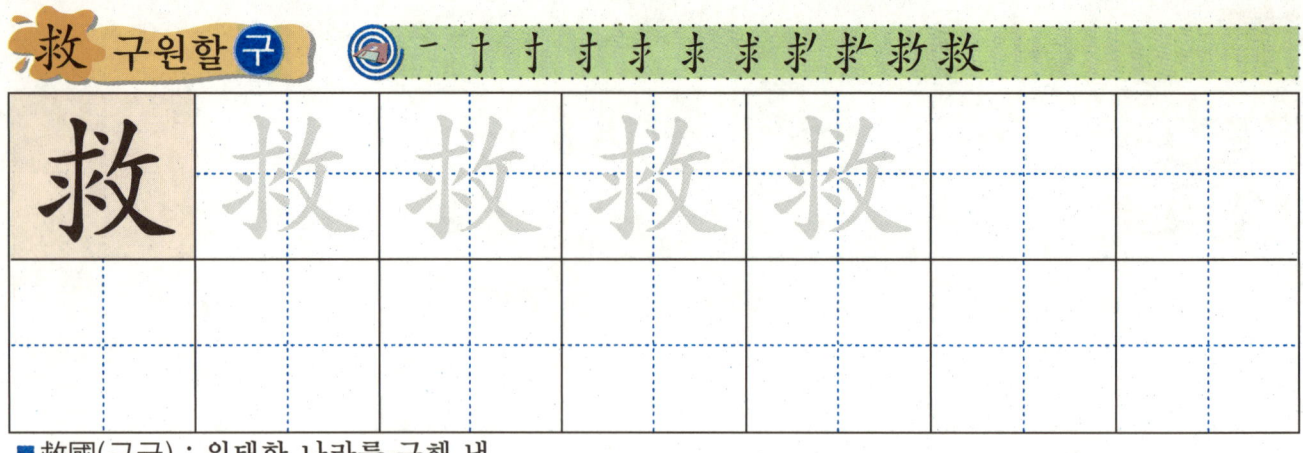
■ 救國(구국) : 위태한 나라를 구해 냄.

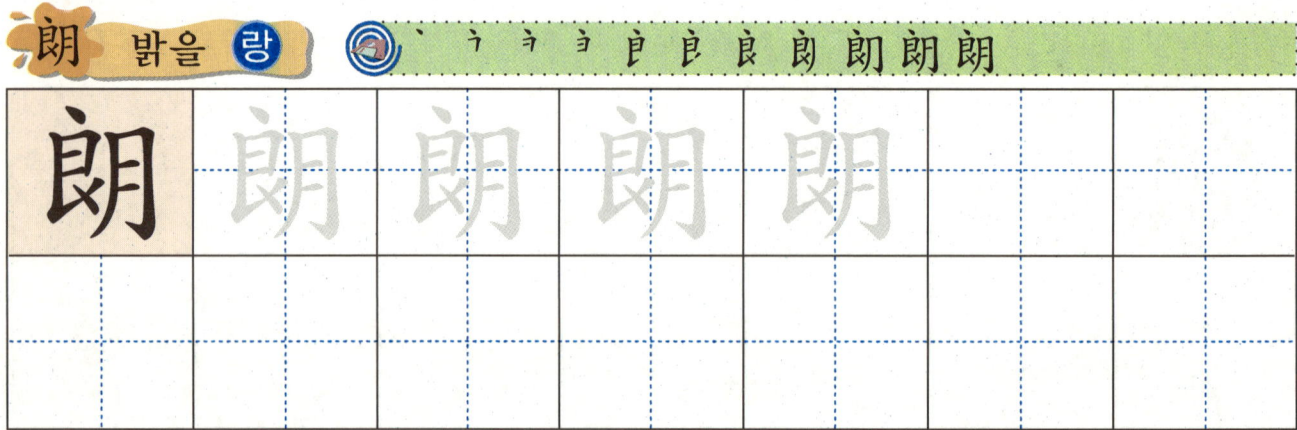
■ 朗讀(낭독) : 소리내어 글을 읽음.

■ 仙女(선녀) : 신선의 세계에서 사는 여자 신선.

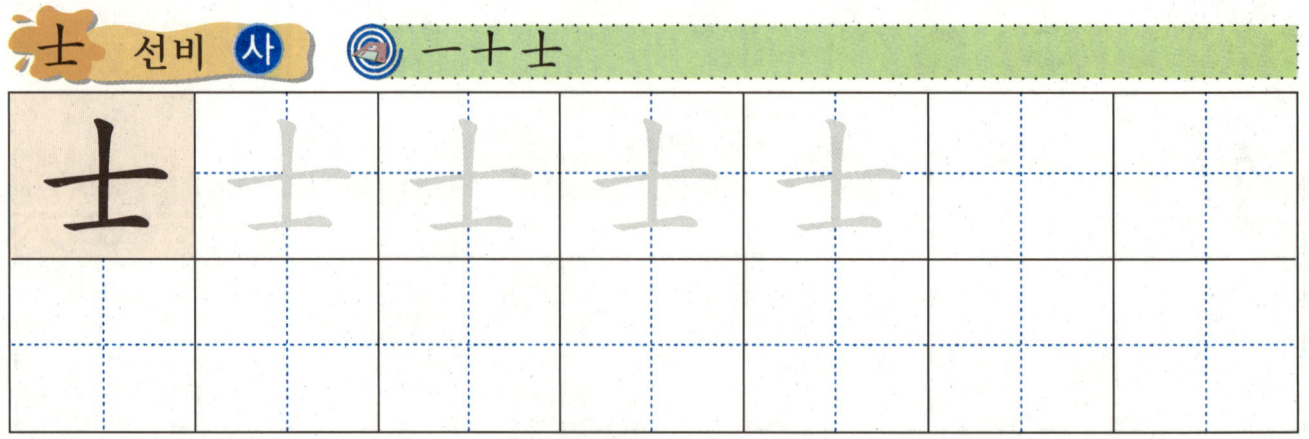
■ 士氣(사기) : 사람이 단결하여 무슨 일을 할 때의 기세.

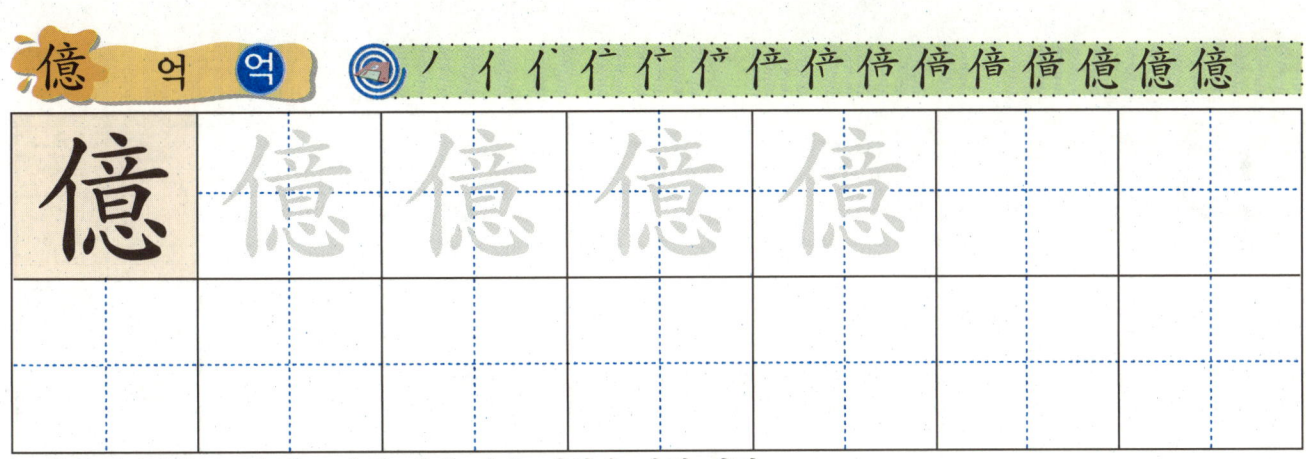

■ 億萬長者(억만 장자) : 몇억 대의 많은 재산을 가진 사람.

■ 法院(법원) : 국가의 사법권을 행사하는 기관. 재판소.

■ 罪惡(죄악) : 죄가 될 만한 나쁜 짓.

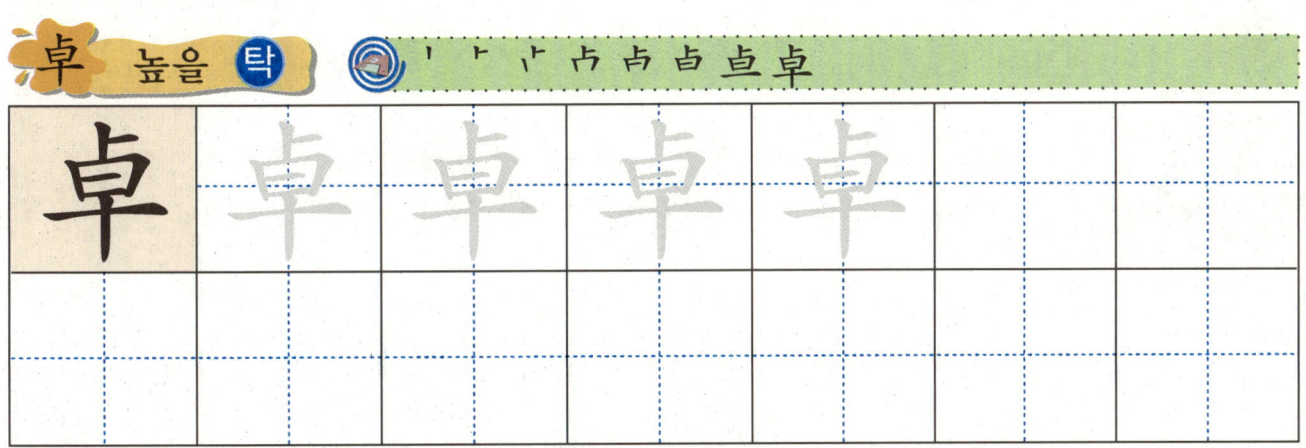

■ 卓球(탁구) : 나무로 만든 탁자 위에서 공을 치는 운동 경기.

■ 臣下(신하) : 임금을 섬기어 벼슬 하는 사람.

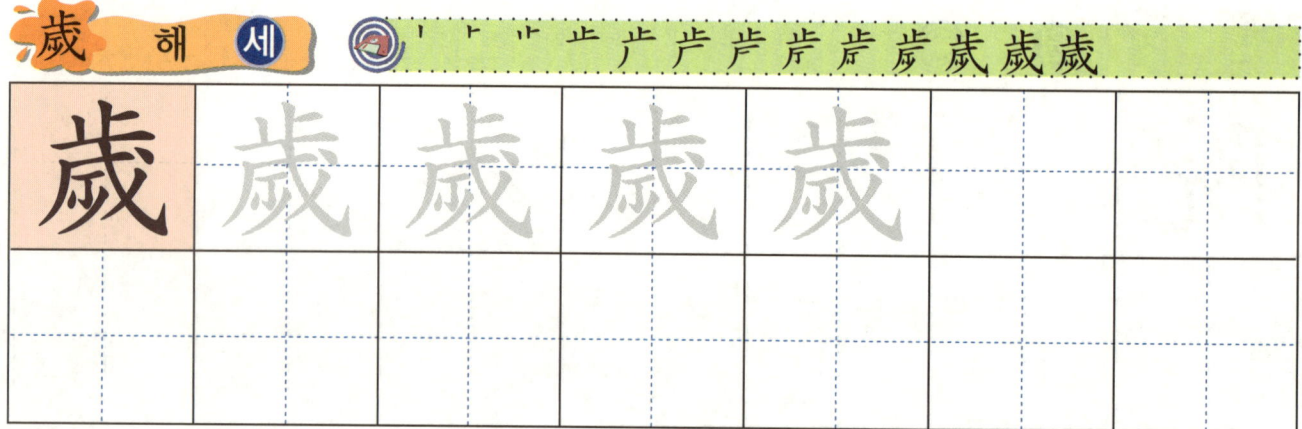

■ 歲月(세월) : 흘러가는 시간.

■ 寒氣(한기) : 추운 기운.

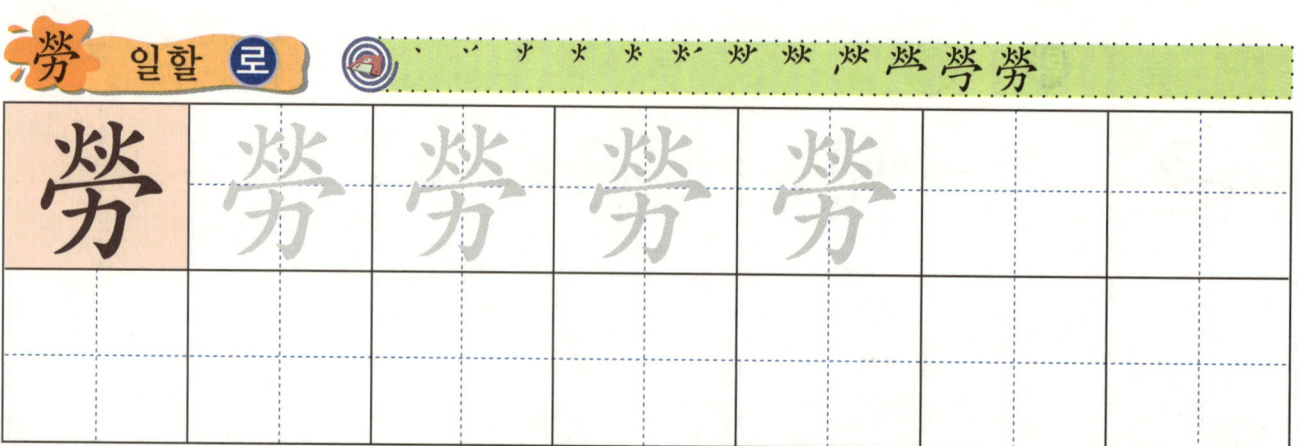

■ 勞苦(노고) : 힘들게 노력함.

輕 가벼울 경

一 𠂉 百 百 亘 車 車 車' 車ㅅ 車巛 軽 輕 輕

| | | | | | | |
|---|---|---|---|---|---|---|
| 輕 | 輕 | 輕 | 輕 | 輕 | | |
| | | | | | | |

■輕車(경차) : '경승용차'의 준말로, 비교적 작고 가벼운 차.

島 섬 도

′ 亻 户 户 白 自 鳥 鳥 島 島

| | | | | | | |
|---|---|---|---|---|---|---|
| 島 | 島 | 島 | 島 | 島 | | |
| | | | | | | |

■落島(낙도) : 외따로 떨어져 있는 섬.

貴 귀할 귀

丶 口 口 中 中 冉 冉 冉 冉 書 貴 貴

| | | | | | | |
|---|---|---|---|---|---|---|
| 貴 | 貴 | 貴 | 貴 | 貴 | | |
| | | | | | | |

■貴族(귀족) : 가문이나 신분이 높은 사람들.

決 결단할 결

丶 冫 氵 氵 汀 汋 決 決

| | | | | | | |
|---|---|---|---|---|---|---|
| 決 | 決 | 決 | 決 | 決 | | |
| | | | | | | |

■決定(결정) : 행동이나 태도를 분명하게 함.

■ 物件(물건) : 일정한 모양을 갖춘 모든 물체.

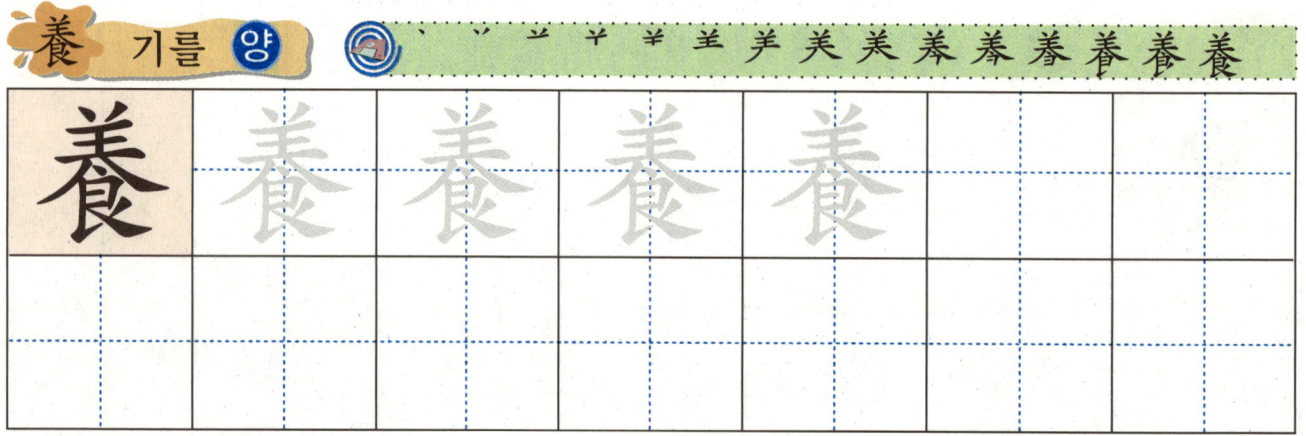

■ 養育(양육) : 어린아이를 기름.

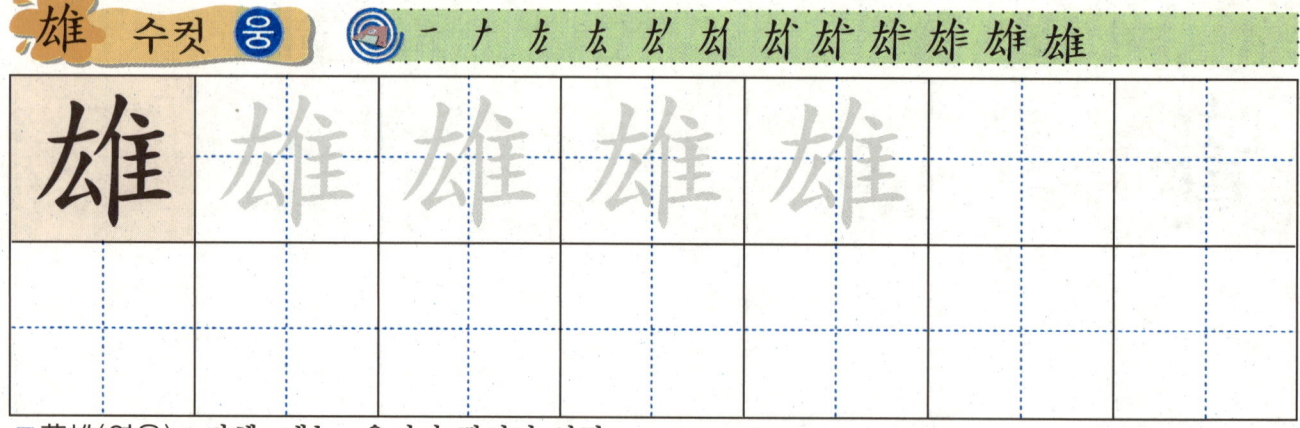

■ 英雄(영웅) : 지혜, 재능, 용기가 뛰어난 사람.

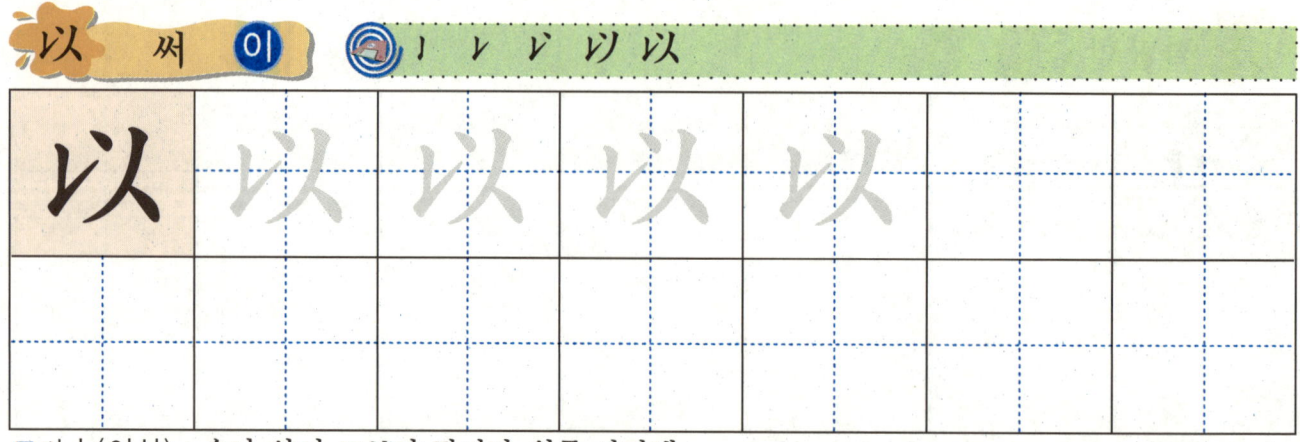

■ 以上(이상) : 수나 양이 그보다 많거나 위를 나타냄.

■ 競爭(경쟁) : 같은 목적을 두고 서로 이기려고 다툼.

■ 操作(조작) : 작업. 사물을 자기에게 유익하도록 조종함.

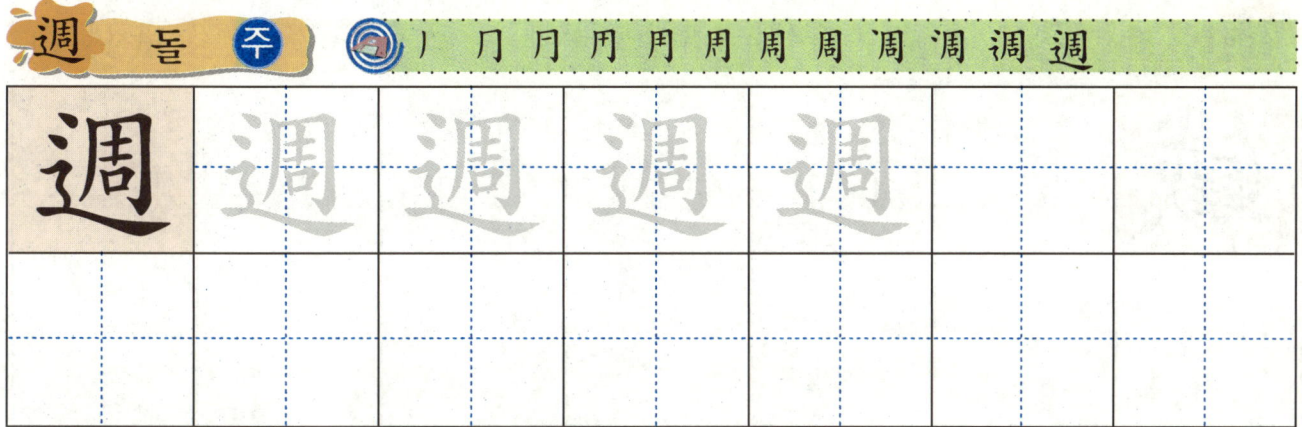
■ 週日(주일) : 월요일부터 일요일까지. 7일간.

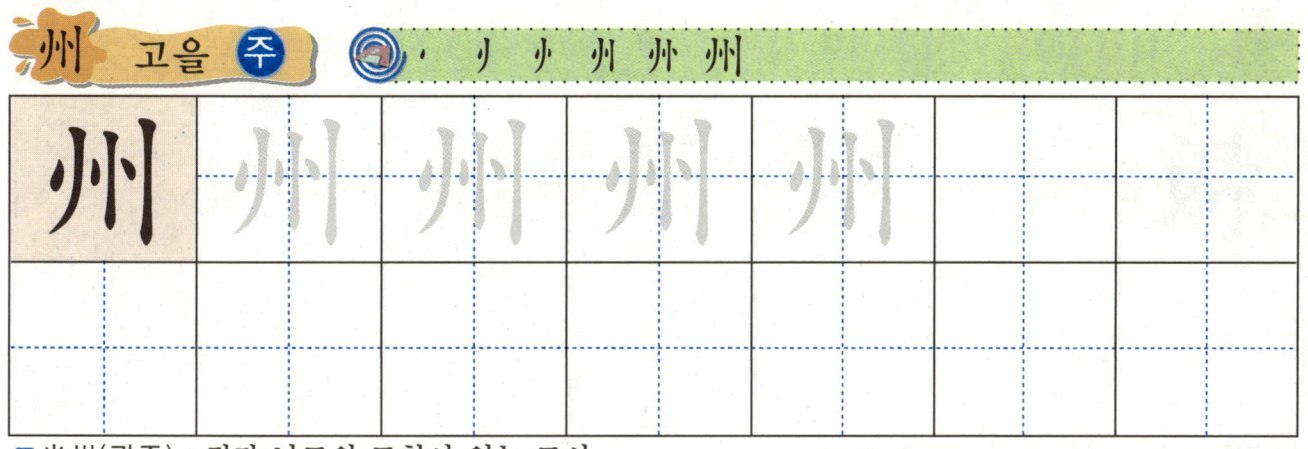
■ 光州(광주) : 전라 남도의 도청이 있는 도시.

■ 許可(허가) : 들어줌. 제한·금지된 일을 할 수 있도록 함.

■ 患者(환자) : 병을 앓는 사람.

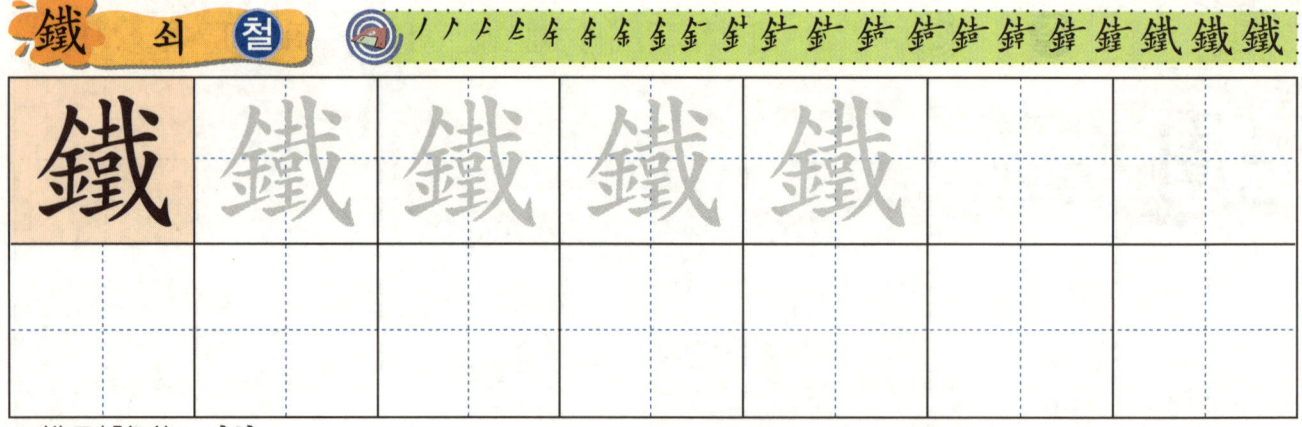
■ 鐵馬(철마) : 기차.

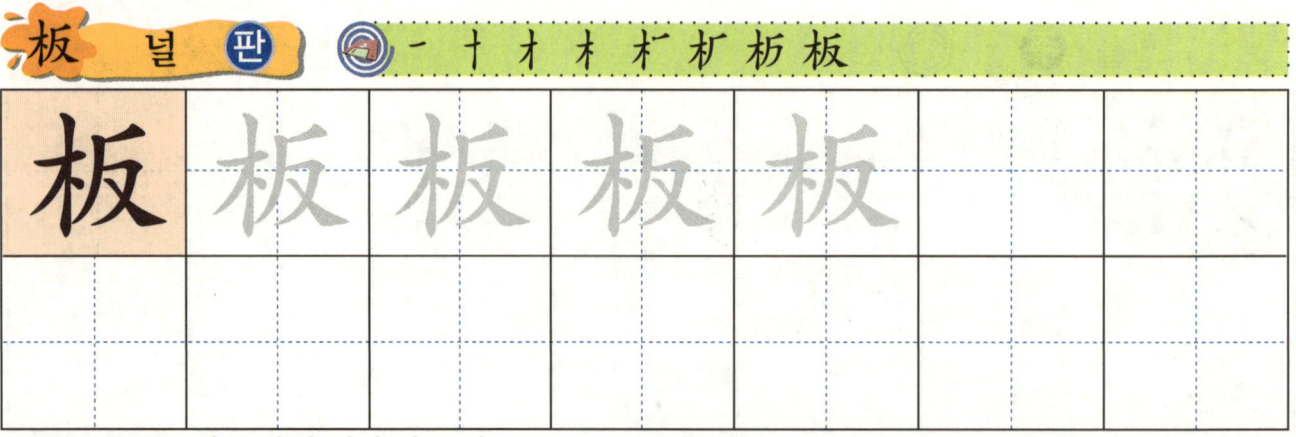
■ 鐵板(철판) : 쇠를 얇게 펴서 만든 판.

# 5 (상) 정답

# 정답

## 연습문제 1회
>> 19~20쪽

1 굽을 곡
2 헤아릴 료
3 벗 우
4 집 옥
5 여행
6 비례
7 목재
8 질문
9 舊
10 練
11 料
12 敬老
13 旅客
14 選出
15 天性
16 無
17 炭
18 己
19 요일
20 적색

## 연습문제 2회
>> 33~34쪽

1 공부할 과
2 거느릴 령
3 굳을 고
4 전할 전
5 타령
6 기차
7 덕망
8 완성
9 課
10 望
11 災
12 偉人
13 信奉
14 賞金
15 財物
16 仕
17 打
18 效
19 설명
20 원수

## 정답

### 연습문제 3회
>> 47~48쪽

1. ㄷ
2. ㄹ
3. ㄱ
4. ㄴ
5. 浴
6. 結
7. 宅
8. 湖
9. 給
10. 的
11. 相
12. 가구
13. 도착
14. 상관
15. 저수지
16. 둥글 단, 短
17. 흐를 류, 類
18. 역사 사, 仕
19. 他人
20. 自宅

### 연습문제 4회
>> 61~62쪽

1. ㄴ
2. ㄷ
3. ㄹ
4. ㄱ
5. 士
6. 告
7. 敗
8. 救
9. 廣
10. 基
11. 福
12. 명랑
13. 선녀
14. 병원
15. 식탁
16. 될 화, 和
17. 넓을 광, 光
18. 원할 원, 元
19. 無罪
20. 祝福

# 정답

### 연습문제 5회
>> 75~76쪽

1 고을 주
2 결단할 결
3 가벼울 경
4 신하 신
5 한류
6 고귀
7 영웅
8 허가
9 養
10 勞
11 件
12 臣下
13 落島
14 言爭
15 患者
16 操
17 週
18 以
19 세월
20 철판

# 정답

## 예상 문제 1회
>> 1~3쪽

| | | | |
|---|---|---|---|
| 1 무료 | 27 재산 | 53 찰 한 | 79 ① |
| 2 요일 | 28 효력 | 54 변할 변 | 80 ③ |
| 3 봉사 | 29 호수 | 55 복 복 | 81 ④ |
| 4 여비 | 30 해류 | 56 밝을 랑 | 82 ① |
| 5 전설 | 31 욕실 | 57 신하 신 | 83 ② |
| 6 선거 | 32 가구 | 58 귀할 귀 | 84 ⑤ |
| 7 재해 | 33 적중 | 59 黃色 | 85 知 |
| 8 성질 | 34 절약 | 60 番地 | 86 民 |
| 9 완고 | 35 타국 | 61 先祖 | 87 同 |
| 10 구옥 | 36 공경 경 | 62 孝道 | 88 傳 |
| 11 단결 | 37 견줄 비 | 63 休紙 | 89 ② |
| 12 상관 | 38 재목 재 | 64 童話 | 90 ③ |
| 13 경로 | 39 칠 타 | 65 安心 | 91 ① |
| 14 곡선 | 40 다툴 쟁 | 66 會社 | 92 바라는 바 |
| 15 우정 | 41 자리 위 | 67 市民 | 93 여행의 경비 |
| 16 자기 | 42 지낼 력 | 68 形成 | 94 높고 귀함 |
| 17 훈련 | 43 이를 도 | 69 和合 | 95 団 |
| 18 적색 | 44 씻을 세 | 70 行動 | 96 価 |
| 19 석탄 | 45 붙을 착 | 71 窓門 | 97 丷 |
| 20 과제 | 46 쌓을 저 | 72 題目 | 98 4 |
| 21 기차 | 47 뜻 정 | 73 家族 | 99 6 |
| 22 실망 | 48 터 기 | 74 昨年 | 100 ② |
| 23 영토 | 49 알릴 고 | 75 飮食 | |
| 24 위인 | 50 쇠 철 | 76 庭園 | |
| 25 원조 | 51 근심 환 | 77 意圖 | |
| 26 상품 | 52 잡을 조 | 78 幸運 | |

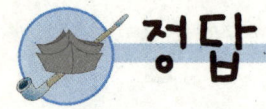

### 예상문제 2회
>> 3~4쪽

| | | | |
|---|---|---|---|
| 1 명랑 | 27 고귀 | 53 역사 사 | 79 ⑤ |
| 2 신선 | 28 결정 | 54 서로 상 | 80 ① |
| 3 사기 | 29 사건 | 55 호수 호 | 81 ③ |
| 4 수억 | 30 봉양 | 56 결단할 결 | 82 ④ |
| 5 병원 | 31 웅대 | 57 집 원 | 83 ② |
| 6 죄악 | 32 허가 | 58 허락할 허 | 84 ① |
| 7 환자 | 33 전쟁 | 59 自由 | 85 足 |
| 8 신하 | 34 조작 | 60 音色 | 86 心 |
| 9 세월 | 35 주기 | 61 失手 | 87 問 |
| 10 탁견 | 36 없을 무 | 62 藥草 | 88 無 |
| 11 노고 | 37 나그네 려 | 63 身體 | 89 ④ |
| 12 경중 | 38 바탕 질 | 64 愛國歌 | 90 ④ |
| 13 도착 | 39 들 거 | 65 永遠 | 91 ④ |
| 14 타령 | 40 굽을 곡 | 66 溫度 | 92 널리 알림 |
| 15 역사 | 41 벗 우 | 67 孫子 | 93 아픈 사람 |
| 16 세수 | 42 익힐 련 | 68 美術 | 94 손을 씻음 |
| 17 자택 | 43 붉을 적 | 69 始作 | 95 伝 |
| 18 저금 | 44 받들 봉 | 70 石工 | 96 旧 |
| 19 광고 | 45 말씀 설 | 71 生死 | 97 変 |
| 20 변화 | 46 완전할 완 | 72 班長 | 98 7 |
| 21 기단 | 47 굳을 고 | 73 明白 | 99 3 |
| 22 축복 | 48 바랄 망 | 74 新聞 | 100 ① |
| 23 패망 | 49 거느릴 령 | 75 使用 | |
| 24 숙원 | 50 클 위 | 76 勝利 | |
| 25 철판 | 51 으뜸 원 | 77 反省 | |
| 26 낙도 | 52 본받을 효 | 78 草綠 | |

- 급수 한자 익힘책
  5급 대비(5급 상)

- 급수 한자 익힘책
  5급 대비(5급 하)

www.pyojoon.co.kr